筋力を超えた「張力」で動く！

JIDAI

BAB JAPAN

はじめに

「お腹に力を」「姿勢をまっすぐに」「力を抜いて」などなど、当たり前のように指導されますが、そのことを意識してもうまくいかない。そもそも、それができないから苦労しているわけで…と、そんなことはありませんか？

私はそうでした。「しているつもり」と「できている」の違いの大きさに、長いこと大きな断絶を覚えていました。それは体の使い方だけでなく、舞台表現でも同じことで、「もっと心の底から」「役の気持ちになって」といったことが、言われてできるようなら苦労しませんよね。

つまり、世の中には「こうなっていてほしい」「こうなっているべき」といった**結果の状態を指示**することが多いのです。それでは、一部のセンスの良い人しか到達できず、多くの人は振り落とされてしまいます。多くの指導者はセンスが良く生き残った人です。自分がその**結果の状態を指示**する言葉で身についてしまったので、当然他の人もできるだろうと思うわけです。

けれど、多くの人に必要なのは、**結果の状態を指示**する言葉ではなく、**結果を引き起こす方法**です。当たり前のようですが、当たり前ほど難しいものはありません。

ところで、**結果の状態を表す**言葉はいつでも誰に対しても同じですが、

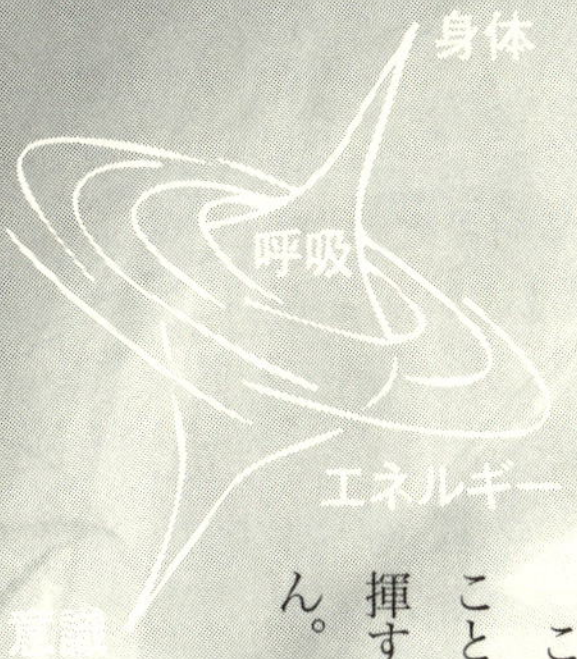

結果を引き起こす方法は人によって違ってきます。同じ人でも成長のどの段階か?など、時期によっても違ってきます。

ですから、実際の指導の場では難しく、本書も今読むのと、1年後に読むのとでは、受け取れるものが違ってくると思います。ですが、今読んでも意味がないというのではなく、今は今の、1年後には1年後の、10年後には10年後の、それぞれ大きなものを受け取っていただけると思います。

といいますのは、本書で表している内容は、体（心も含めてですが）を使うにあたり、具体的な動作以前の、「より土台となる部分をいかにして育てるか?」を主眼に置きつつも、具体的な技術的動作で利用できるものであり、かつ同時に、そのことが今現状の次元での成長ではなく、いわゆる天才が見ている次元に入っていく力になるからです。

こんな大袈裟なことをあえて言葉にするのは、私自身とても勇気のいることですが、皆さんが本当は持っているのに顕在化させられていない力を発揮するチャンスを、私が下手に謙遜をすることで逃してしまうかもしれません。一人でも多くの方が、ご自分に希望を持っていただけたらと思います。

CONTENTS

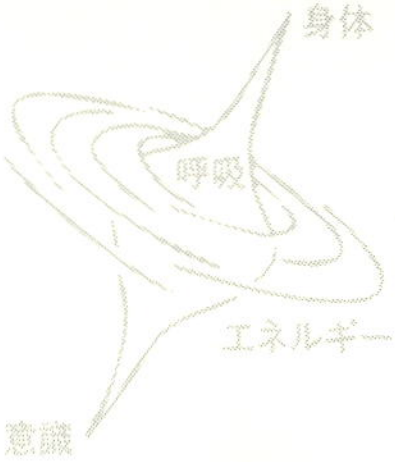
身体
呼吸
エネルギー
意識

第1章

エネルギーは身体のすきまを流れる

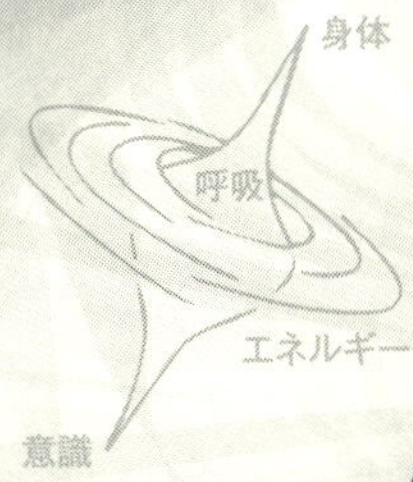

舞台『無虚苦 mukyoku』より
撮影：Michael Steinebach

身体の潜在力を引き出す！

本書の内容は「分野に関係なく、同じ稽古でも人によって結果が異なり、上達の度合いが稽古・練習の内容以前にセンスの良し悪しに左右されてしまっている。それは才能の差として諦めるしかないのか？」ということに対する、私JIDAIからの一つの回答です。

誰もが持っている身体の潜在力を引き出すことで、自分に希望が持てるようになり、これまでと違った上達の道を辿ることができるということを、実感していただくためのものになります。

そもそもなぜ同じ稽古・練習内容でスキルに大きな差がつくのか？　それはひと言でいいますと、〝エネルギーの流れに対する感覚の有無〟です。同じことをしていても、同じものを見ていても、エネルギーの流れを捉えられているかどうかで、全く別物になってしまうのですね。読者の皆さんがそのエネルギーというものを扱えるようになり、本質力が磨かれることに本書がお役に立てればと思います。

適切な身体認知力

さてエネルギーですが、この漠然としたものに具体的にアプローチする上で、大事なことが「適切な身体認知力」が働いてくれているかどうかなんです。私のいう身体認知力には二つの意味があります。一つは「受信力」、もう一つは「発信力」です。

「受信力」といいますのは、他人の動きを見るだけで、身体のどこをどう使うのかがわかるミラーニューロンの働き、あるいは、実際に動いたときに不自然な感じがするところをきちんと不自然あるいは気持ちよくないと捉えられる力、さらに皮膚感覚や自分の体の部位の重さ・相手や物からの負荷を受け止める感覚が含まれます。

「発信力」といいますのは、実際に動こうとする際、思った通りの神経回路に信号が適切に送られるかどうかという力になります。腕を肩の高さに上げてるつもりが少し下がっていたりということがあります。スピードのコントロールも思っているのとできていることに差があったりしますね。

さらに受信発信どちらにも、身体に余計な緊張がないことととともに、自分の身体の構造に対する認識力（知識とは異なります）がベースになっています。例えば、「手の平が一つの板のような塊と思っているのか？　中手骨・手根骨といった細かなパーツで成り立っ

ボディマッピング（身体地図）

認識力

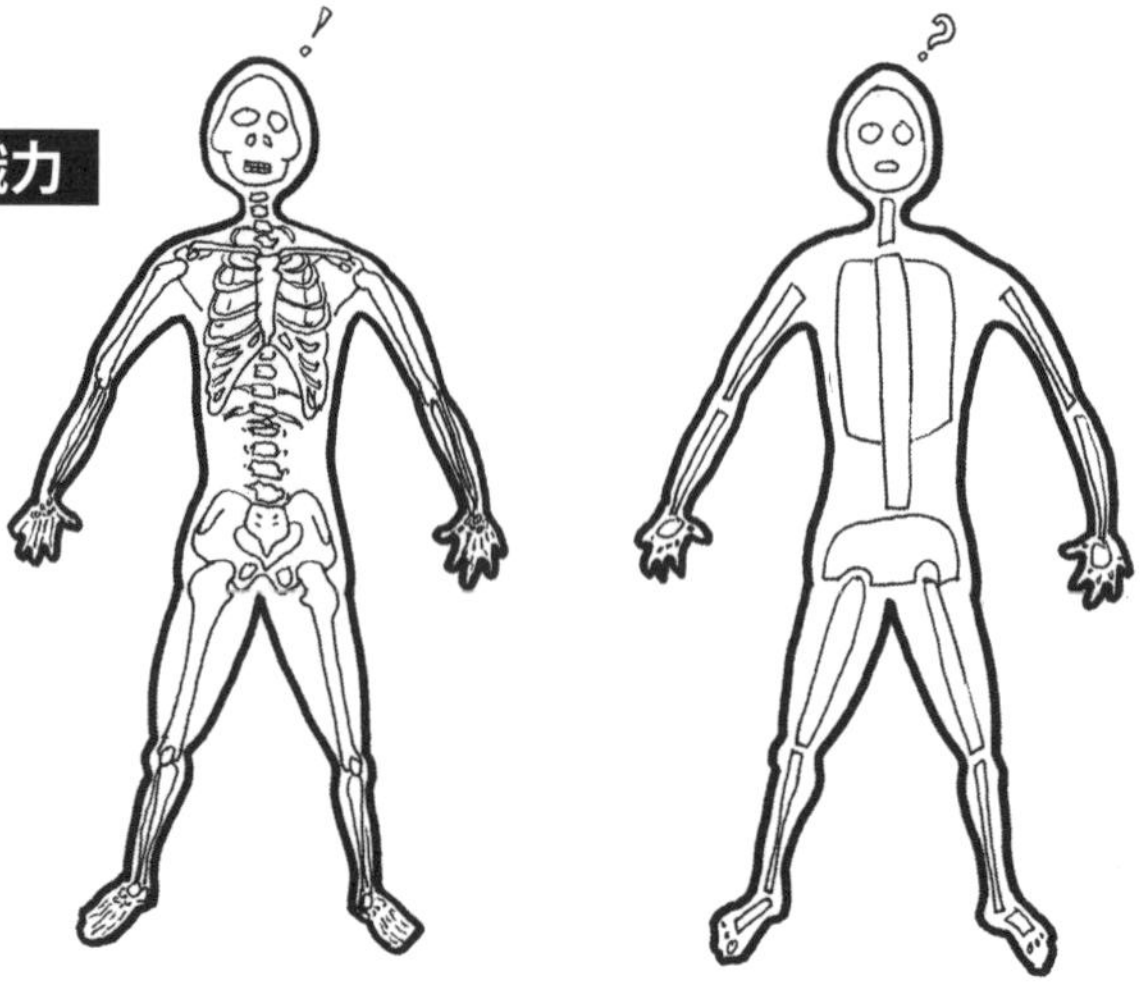

受信力

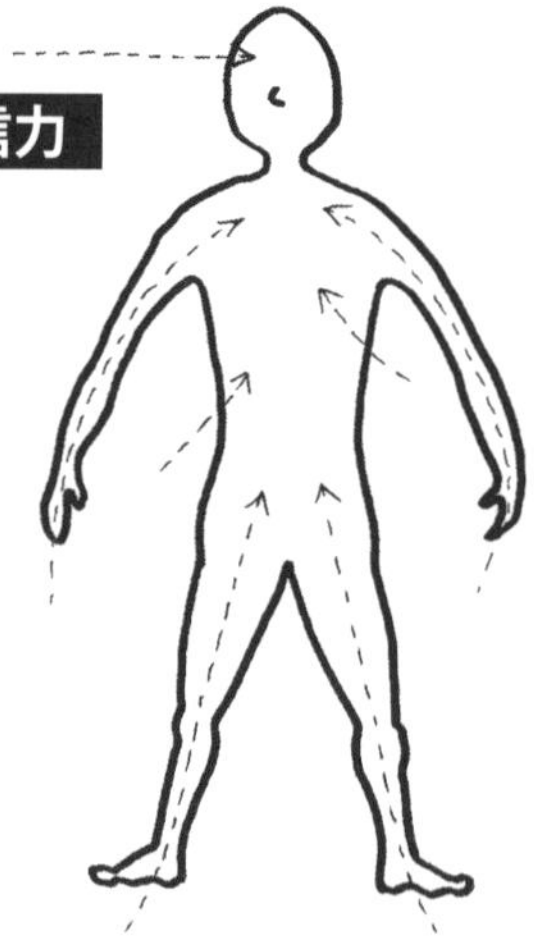

発信力

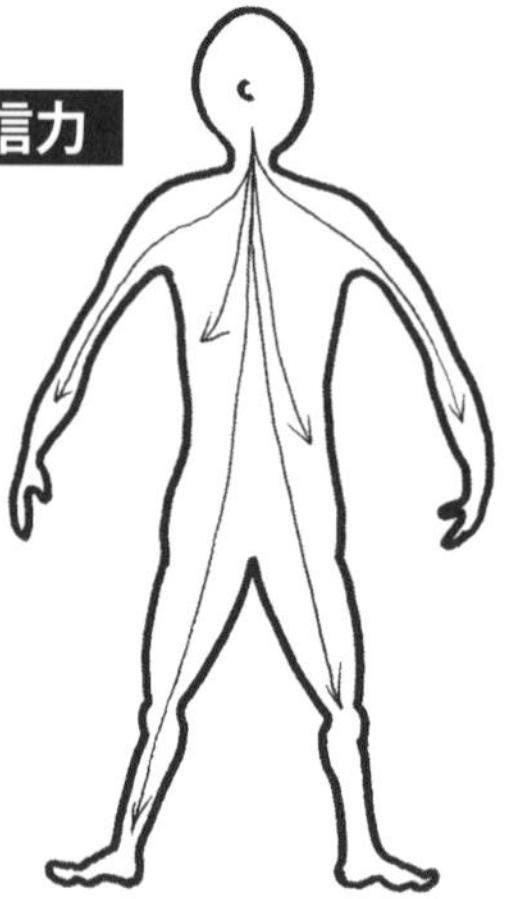

ているのと身体で知っているのか？」といった、いわゆるボディマッピング（身体地図）の正確性が、受信発信ともに影響しています。

技術の向上とともに身体の質を高めるメソッド

ここを切り開いたのがボディワークというリハビリでもトレーニングでもない、身体認知力教育といった感じで身体の土台に目を向けた分野になると思います。

本書では普段のレッスンの場で『JIDAIメソッド』として行っているものをお伝えしていくのですが、身体の土台に目を向けている点ではボディワークと同じです。ですが、いわゆるボディワークの要素を持ちつつ同時に、逆方向からの考え方を取り入れたものになります。

どういうことかといいますと、様々な分野の競技技術は表面的には異なった動きに見えても、その〝エネルギーの発生のさせ方・流れ方〟は、人間の身体構造と意識、そして地球の重力との関係から生み出されたものであり同じわけです。例えば、日本舞踊と野球の動きは共通しているということなんです。相撲とモデルウォーキングも共通している。面

「JIDAI メソッド」で行っているワークの一例

▲歩きワーク

腕・脚の内外旋・屈曲伸展・内外転、脊柱の波運動、肩甲骨・骨盤の開閉などを滑らかに連続させ、固定された軸や関節を支点とする動きからの解放を図る。

▶肘ワークの説明

肩甲骨と上腕骨の分離を図るとともに、肩甲骨から手先までの螺旋運動を促す。

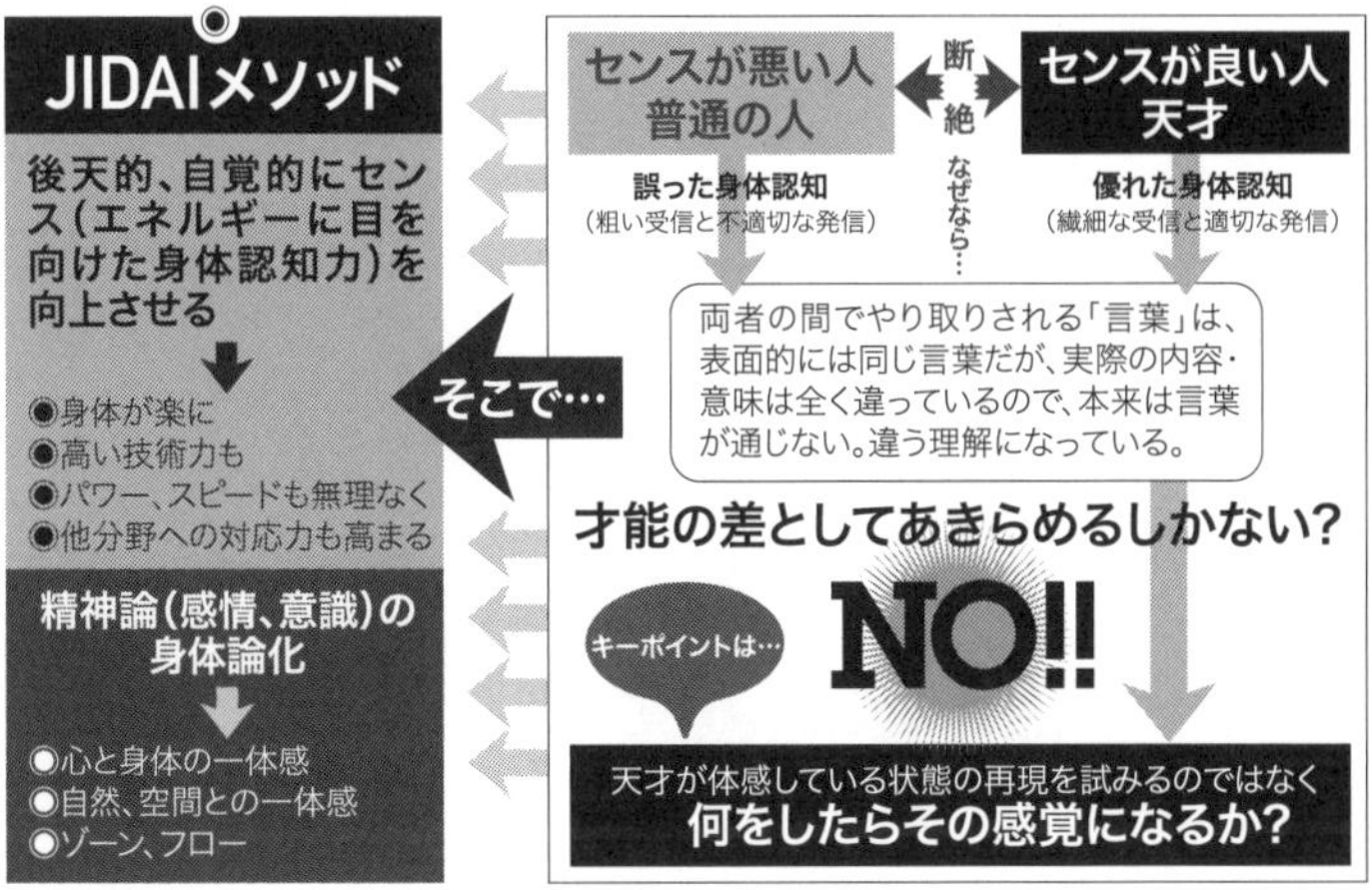
JIDAIメソッド
後天的、自覚的にセンス（エネルギーに目を向けた身体認知力）を向上させる
◉身体が楽に
◉高い技術力も
◉パワー、スピードも無理なく
◉他分野への対応力も高まる
精神論（感情、意識）の身体論化
◉心と身体の一体感
◉自然、空間との一体感
◉ゾーン、フロー
センスが悪い人 普通の人
断絶
センスが良い人 天才
誤った身体認知
（粗い受信と不適切な発信）
なぜなら…
優れた身体認知
（繊細な受信と適切な発信）
両者の間でやり取りされる「言葉」は、表面的には同じ言葉だが、実際の内容・意味は全く違っているので、本来は言葉が通じない。違う理解になっている。
そこで…
才能の差としてあきらめるしかない？
キーポイントは…
NO!!
天才が体感している状態の再現を試みるのではなく
何をしたらその感覚になるか？

白いですよね。

ボディワーク的な「身体の土台の質を高めれば、競技技術でもいい動きができる」という考え方とともに、競技技術全てに共通するエネルギーの発生のさせ方・流れ方の質を高めれば、身体の土台の質が高まるという考え方を取り入れているのが『JIDAIメソッド』の特徴といえます。

つまり、ボディワークのように競技技術から離れた穏やかな動きの中で、身体の性能を内部感覚とともに磨く一方で、パワーやスピードを伴った中で、先に良い状態を（身体の土台の質が高まっていないうちに、高まったかのように）経験させていくのが、『JIDAIメソッド』ということになります。

この最大のメリットは、競技技術とそれに

付随する動きの質を上げているうちに、いつの間にか身体の土台の質が高まっていて（ケガや故障をしづらくなります）、練習していない技術まで上達してしまうことにあります（これが、ボディワーク的なスタンスの場合、身体の土台の質がどこまで高まったら、競技技術の質が上がるのかよくわからない、あるいはそれほど上がらないかもしれないという可能性がつきまといます。ヨガやピラティスでも、実は他の多くのトレーニングもこの問題を持っています）。

ただし、単に競技技術を磨くのとは全く異なります。大事なことは、いろいろと違ったことをしていても〝全て同じこととして行うこと〟なんです。そうしませんと、身体の土台の質が高まることはありません。競技技術の上手な人が、身体の土台の質が高いわけではないのです。ですから、反復練習で型を身体に覚え込ませるような意識でトレーニングすることは禁物です。それは感覚を遮断する行為です。反復練習する際は、毎回新しいことをするように臨む必要があります。受信力・発信力を高めるとは、身体感覚を磨くことです。それがこれまでと違った上達の道を辿る力になります（ケガや故障もしづらくなります）。

さらに、精神論で片付けられがちな意識・感情といったことも、身体論として具体的に捉えることが、生まれ持った「センス」を乗り越える力になるのです。

このような考え方の『JIDAIメソッド』には、「目からウロコ」「もっと早く知りたかった」「こんなに楽なんですね!?」「なんかズルしてるみたい」「気持ちいい」といった言葉を多くいただいています。読者の皆さんにも丁寧にお伝えしていきます。

舞台『雪の温もり』より

エネルギーの通りのイメージ図。
(右)良、(左)悪。

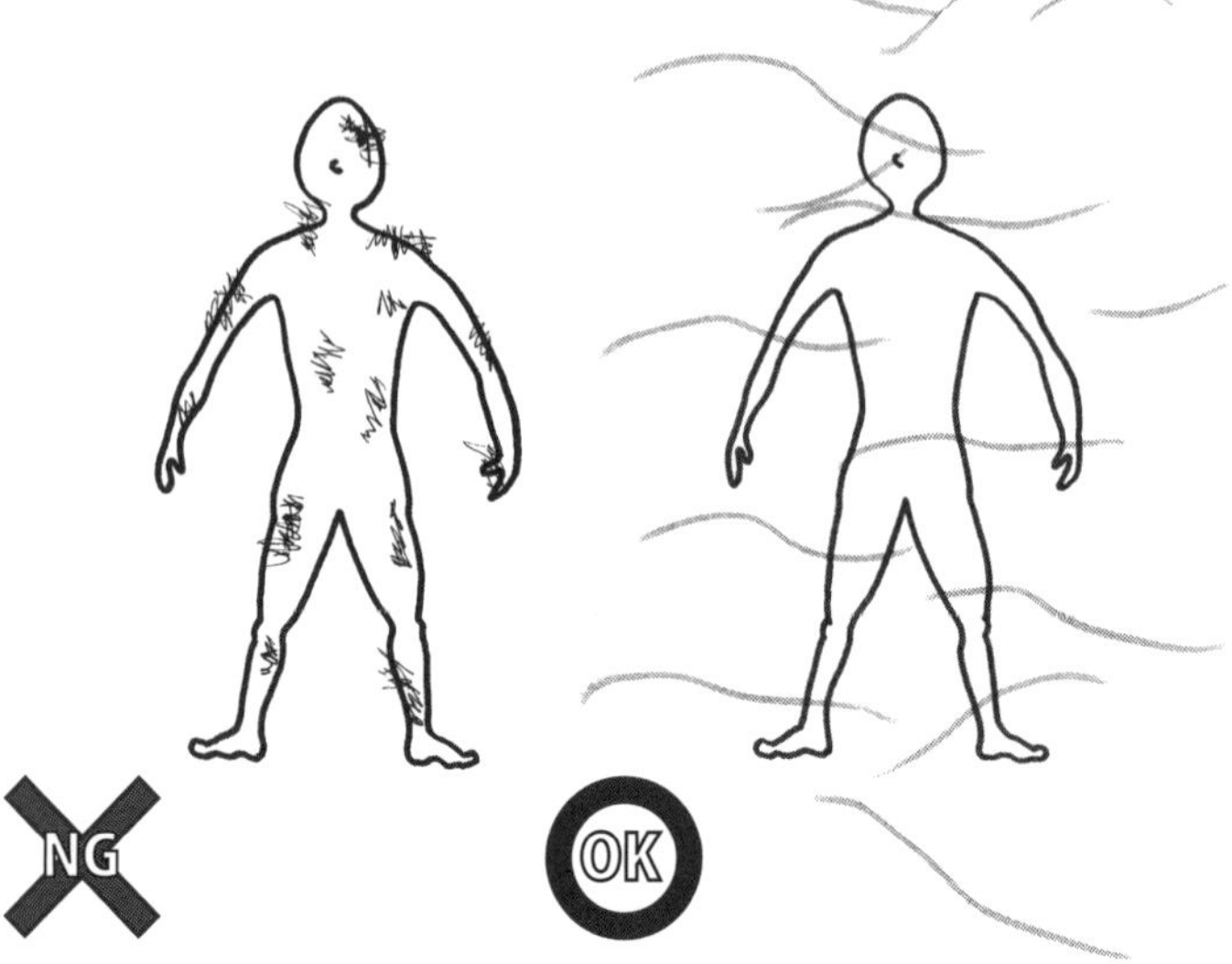

エネルギーの通りの良し悪し

さて、第1章のテーマは『エネルギーを通す』です。これは〝人体の構造をいかに活かすか？〟ですが、解剖学的に見て正しい動きを心がけましょうというものではありません。といって「解剖学を無視するのか？」といいますと、そうではなく、大事なことは、「結果として解剖学に則っている」ようにすることなんです。つまり、少々刺激的な言い方をしますと、解剖学の奴隷になるのではなく、解剖学を従えさせましょうということになります。解剖学的に部位ごとの筋力・動きを改善することと、全体のエネルギーの流れとは別物です。部分を積み上げても全体にはならないのです。

全ての動き、姿勢はエネルギーの流れの結果であって、一見同じように見えるものであっても、何か違うなぁと感じる場合、それはほぼ間違いなくエネルギーの通りの良し悪しの差です。

私の一番の専門である身体表現・身体演技では、エネルギーの通りの良し悪しが存在感や表現力の有無ともなるのですが、やはり「センス」「才能」で片付けられてしまいます。どの分野でもエネルギーの通し方が元々上手な人はいますが、誰でも適切な練習を積むことで、同等かそれ以上に行くことは十分可能ですし、元々上手な人はさらなる高みへと行くことができます。

エネルギーの二つの要素

では、「エネルギーとは何を指すのか?」ですが、エネルギーには大きく二つの要素があります。水に喩えますと、一つは「溜められた水」で、もう一つは、その溜められた水が流れとなる「川」ということになります。溜められた水の多さは、川の長さや流れの強さの潜在的な力になります。

「押す」動作における力の伝わりの違い。
右イラストは、本文③の状態、左は本文②と④の状態。

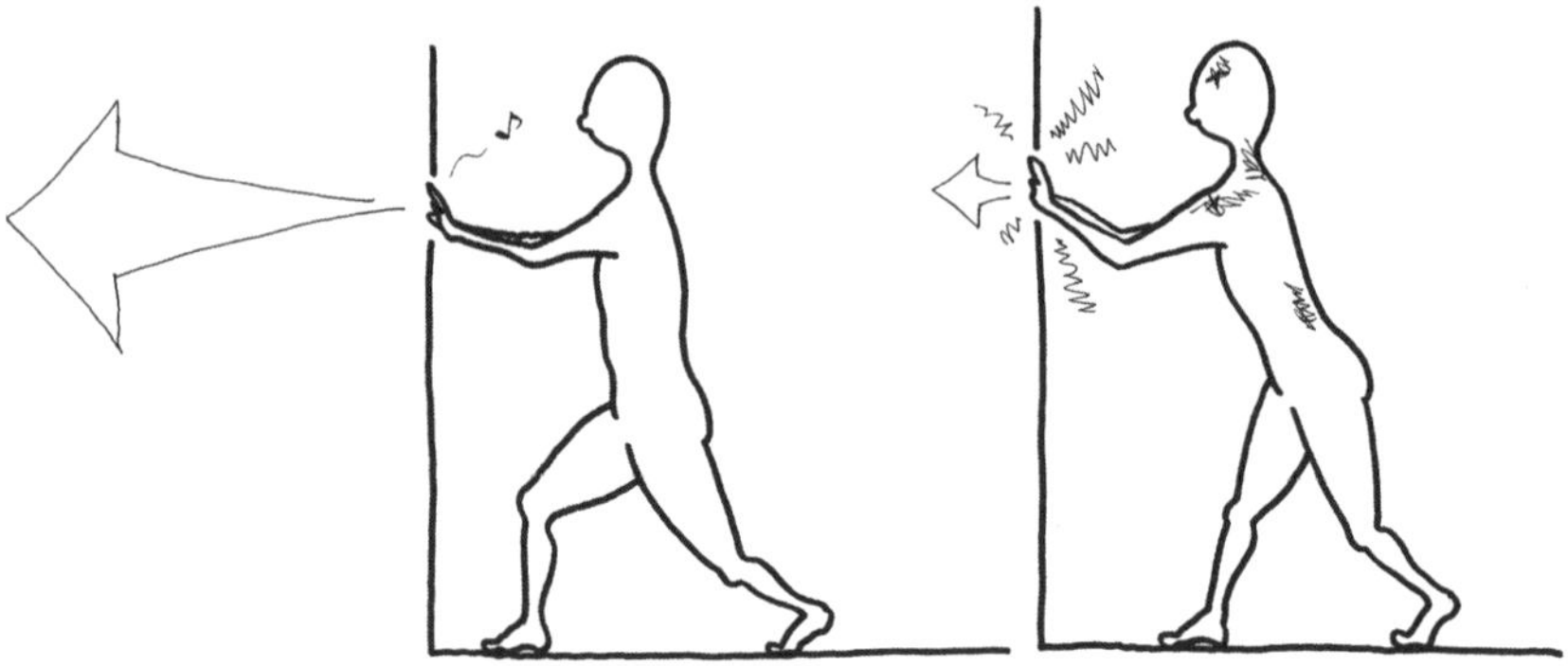

冒頭でエネルギーの流れに対する感覚の有無がセンスの有無になるとお話ししたように、水がどれだけ多く溜まっていても、流れて川にならないことには力を発揮しません。

ここで、四つのタイプを見てください（これは表現の場でも全く同じです）。

①溜められる水が少なく、流せない人＝エネルギーがなく、外にエネルギーが出ない人

②溜められる水は少ないけれど、流せる人＝小さいながらもエネルギーを効率良く生み出せる人

③溜まっている水は多いけれど流せない人＝エネルギーが自分の中で無駄に溢れ、自分を壊す可能性のある人

④溜められる水が多く且つ流せる人＝大きな

エネルギーを効率良く生み出せる人

ボディワークや一部の武術は、②を大事にしています。これまでのスポーツ界・トレーニング界は③をやっていた。大雑把ですけれど、こんなイメージではないでしょうか？やはり何より大事なのは流せること。②と④です。『JIDAIメソッド』は当然この二つに目を向けています。

浸透力の違い

流せる・流せないですが、例えば、同じ「押す」という動作でも、表面にだけ力が伝わるのか、奥まで伝わるのかの違いがあります。この違いは、力の強さの差とは別のものです。浸透力の有無なんです。②と③で、③タイプの人のほうが強そうなのに、実際には②タイプのほうが強かったというのは、このわかりやすい例ですね。

③タイプは表面にだけ力が伝わり、当たりは強いんです。ですから、筋肉がしっかりついていたり体の大きい③タイプを強い・パワーがあるように思ってしまいがちです。けれ

「押す」動作をマイムで表現する。見た目には右写真①のほうが力が入っていて強うそうに思えるが、身体のすきまは潰れ、エネルギーは内に溢れるばかりで、力は表面にしか伝わらない。対して左写真②では、エネルギーは身体のすきまを流れ、当たりは柔らかくも力は奥にまで浸透していく。

ど、力が奥まで伝わるものは、当たりは柔らかいものなんです。

この一見パワーがあるように思えてしまう③の人は、実はパワーを自分の中に閉じ込めてしまっていて、それが、力を出しているという手応えになる。

とはいえ当たりを柔らかくするために力を抜いて、パワーまでなくなったのでは意味がありませんよね。脱力が大事だと言われますが、それは単に力を抜くということではなく、独りよがりに陥らないため、浸透力を生み出すためなんです。ですから、あくまで浸透力のおかげで当たりが柔らかく感じられるという状態が大事なんです。

これは表現の世界でいいますと、自分の中にパワーを閉じ込めていますと本人は気持ちいいのですが、熱演してるけれど伝わらない、独りよがりというものになります。一方、パワーに浸透力がありますと、観客の心にスーッと無理なく入っていく表現になるのです。

すきまを潰さずに動く

さて、「エネルギーをどうやって流すか?」、言い換えますと、「溜まっている水をどう流すか?」ですが、エネルギーは身体のすきまを流れます。

すきまといいますのは、代表は関節（縫合部も含めて）になります。骨と骨の間、つなぎ目というすきまですね。隣り合った筋肉同士の間にもすきまがあります。さらに靭帯同士、靭帯と骨の間、筋繊維同士、内臓（各臓器間）、気道、口腔、副鼻腔といったところもすきまになります（細胞と細胞の間にもありますし、分子・原子とどこまでいってもすきまはありますが、そこまで考えて妄想の世界に入り、現実から逃避するのは避けたいと思います）。

このように、すきまとは身体を構成する組織と組織がそれぞれ独立して動くのに必要なスペースだと考えてください。

例えば、隣接する筋肉がくっついてしまい（筋肉を覆う筋膜が毛羽立《けばだ》ち、絡み合うことで）お互いの動きを邪魔する場合（物理的問題）、それはすきまが潰れていると考えるわけです。あるいは、本来使わなくてよい筋肉を収縮させてしまうことも（神経的問題）、すきまを潰していると見るのです。すきまを潰す行為が力み・緊張になります。すきまが多いと浸透力が生まれ柔らかい。すきまを潰してしまうと浸透力がなく硬い。

物理的問題にも神経的問題にもアプローチして、すきまを潰さずに動けるようにする必要があるのです。

私の身体の使い方研究は、身体表現・身体演技の質を高めることがきっかけで、武術系もスポーツ系もボディワーク系も、さらには声楽系にも首を突っ込み、整体師としての勉強もしましたが、舞台表現の場で重要な内面のエネルギーも実は身体の問題を抜きには語れないのです。他人から見た場合、内面だけの問題のように思えるのですが、身体を置き去りにした内面は存在しません。内面を気持ちの熱量だけの問題にしてしまいますと、パワーを自分の中に閉じ込めていることを手応えにしてしまい、表現が巨大な独りよがりに陥ります。存在感が薄い中で、大声で自分の存在をアピールしているようなものになってしまうのです。本書が表現をされている方にとっては、物理的な身体だけでなく、内面としての身体にアプローチする手立てになればと思います。

まずはご自身の身体に多くのすきまを作って、日々を過ごしてみていただければと思います。■

第2章

「立つ」とは浮きつつ垂れること

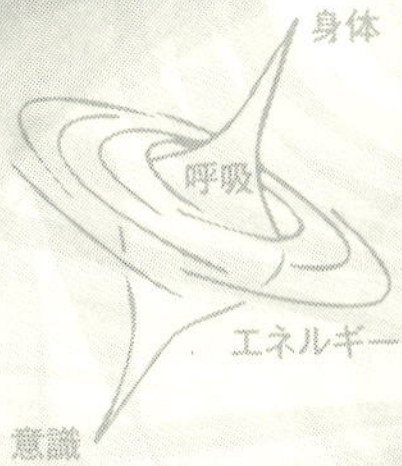

作品『淵』より

筋肉頼りが〝すきまを潰す〟

エネルギーは身体の中の様々なすきまを流れます。筋肉頼りの状態になりますと、すきまが潰れてしまいます。すきまを潰して硬くすることで、強くなっている感じがする状態ですね。

これまで一般的には「力は硬いほうが強い」と思われていました。けれど、実はそうでもないことがわかってきて、またそれではケガや故障が多くなるので、脱力の重要性が言われるようになっていると思います。また、「うまくいっているときは手応えがない」という言い方も、よく耳にします。

けれど、力・パワーを発揮する必要がある場面で、手応えがないようにしようとしたり、脱力するとなりますと、その矛盾が身体も頭も混乱させてしまいますね。さらに、「筋力は必要ない」といった極端な考え方も生んでしまいます。筋力は必要です。筋力が足りなければ、筋肉を動かす神経回路が働かなければ、身体は動かせません。

ただ、その筋力が身体のすきまを潰しやすいことは確かです。筋肉というのは、私の言い方では「エゴ」の宿る場所です。すきまを潰す行為にエゴが宿っているのですが、筋肉頼りですきまを潰して硬くすることで、自分を満足させてしまうわけですね。

その点、〝エネルギーを通す〟という考え方をしますと、筋肉との上手なつき合い方ができるようになり、このあたりの矛盾を乗り越えやすいのではないかと思います。

関節のすきまを作る

さて、エネルギーとすきまの関係ですが、例えば、スッと立った状態で(立禅・站椿功でも)身体のあちこちにすきまがあると思ってみてください。ただそれだけでも、すぐに「これがエネルギー?」といった感じの、手先のビリビリ感やぼわんぼわん感が生じると思います。

もちろん、走ったり跳んだりといった速く力強く動いているときは、このようなビリビリ感を感じることはありませんが、感じないからといって起きていないわけではなく、また、ビリビリ感を味わえたからといえども、速く力強く動く際にすきまを潰すような身体の使い方になってしまえば、当然エネルギーの通りは悪くなっています。

一方、エネルギーの通りが悪いところは、すきまが潰れているということになるわけですが、例えば、力強く押すといったときに、もし肩に力みを感じたら、その部分にすきまを作ろうとしてみる。首に力を感じたら首にすきまを。腰であれば腰にすきまを（腰の場合は、ちょっと難しいかもしれませんが）。そうやって、力みを感じたところにすきまを作ろうとすることで、力みが減るはずです。

すきまを作れているかどうかよりも、作ろうとしたことで少しでも力みが減った感じがすれば、良しとすることが大事です。もし、作れていると思っているのにもかかわらず、力みに全く変化がないようなことがあれば、そのほうが大問題です。自分の身体に起きて

身体のあらゆる箇所にすきまをイメージして站樁功のようにスッと立ってみると、エネルギーが通る感覚が生じてくる。

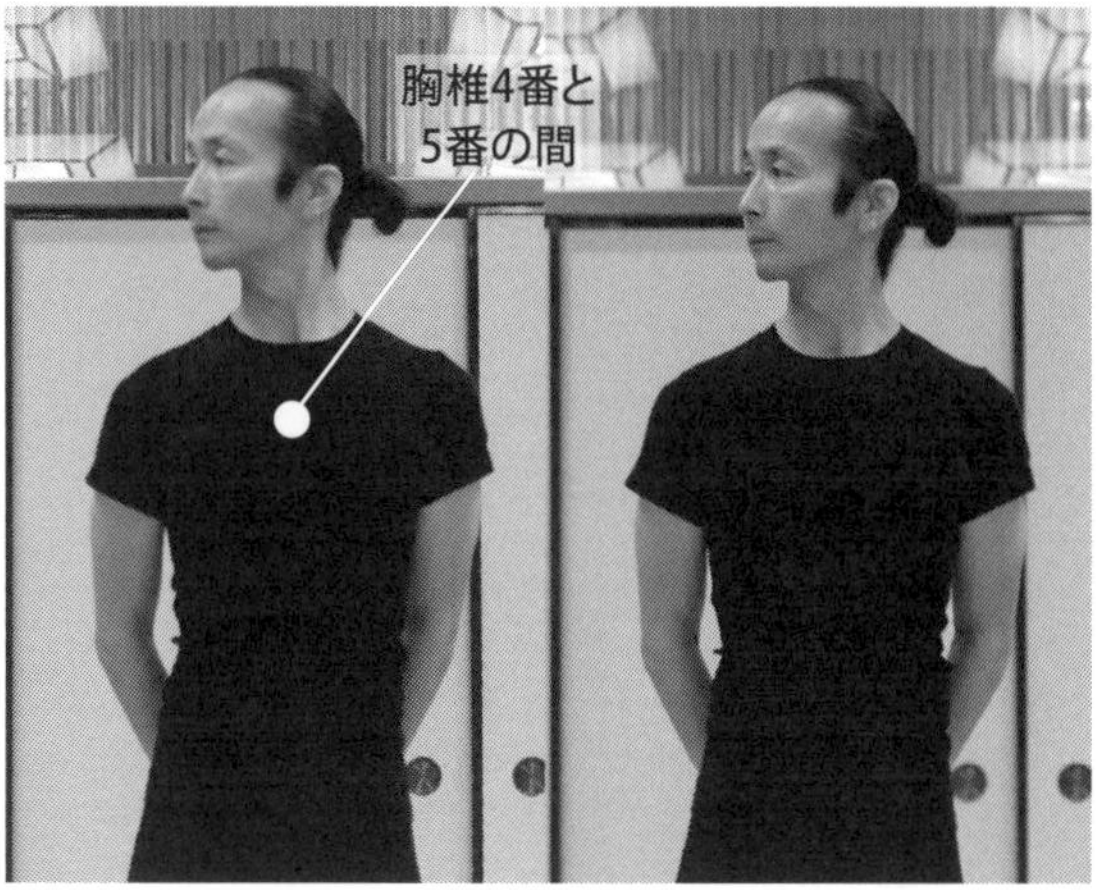

胸椎４番と５番の間にすきまを作りながら首を回してみると背骨全体が伸びやかに使えるのに対し(左)、ない状態で首を回すと、背骨が連動しない(右)。それぞれの写真では左腕と体の隙間に違いが見てとれる。

いることに対する認識力、前章でお伝えした「受信力」を見直す必要があります。

このようなすきまとして一番扱いやすいのは関節ですが、多くの人は関節を潰すように使ってしまっています。もちろん、気がつかずにです。

潰しやすい代表的な関節として、膝関節や股関節、腰椎椎間板、頚椎椎間板、環椎後頭関節、肩関節、肩甲胸郭関節が挙げられます。

このような関節の中で、私が重要視していますのが「胸椎４番と５番の間」になります。ここのすきまがきちんと機能しますと、体全体の動きが大きく変わります。この一箇所で背骨全体が伸びやかに使えるようになり、首に長さが出て、頭・首・肩周りが力まなくなるんですね。腕も伸びやかに使えるようになります。特に大きな意味を持つのが、自然と環椎後頭関節にまですきまが生まれることなんです。

このことによって、脊髄と脳のつながりがスムーズになり、求心性・遠心性の神経信号のやり取りにミスがなくなります。別の言い方をしますと、頭が静かでいられます。

逆方向のエネルギーで立つ

ところで、本章のテーマである『立つ』ですが、立つという状態は決して止まっている状態ではありません。といって、それは常にバランスをとり続けているという意味ではなく、エネルギーが上方向と下方向へと常に流れ続けているという意味です。

では、〝どこから上へ向かい、どこから下へと向かうのか？〟皆さんも一度は聞かれたことがあると思いますが「頭上から吊られてるように」という言い方、これでうまく立てていますでしょうか？　この言い方では、頭のてっぺん、あるいは上空から下方向のエネルギーを言っているようですが、実際にやろうとしますと、大抵は首から上方向にエネルギーを出していく感じになり、首が緊張してしまうのではないでしょうか？　いずれにしましても、エネルギーの方向が一方向しかないことが、身体をうまく機能させてくれない原因になります。

磁石立ち

どこを切っても（どこを境にしても）そこで上下方向のエネルギーが働いている。
※下図は代表的なもの、およびオススメの箇所の例。

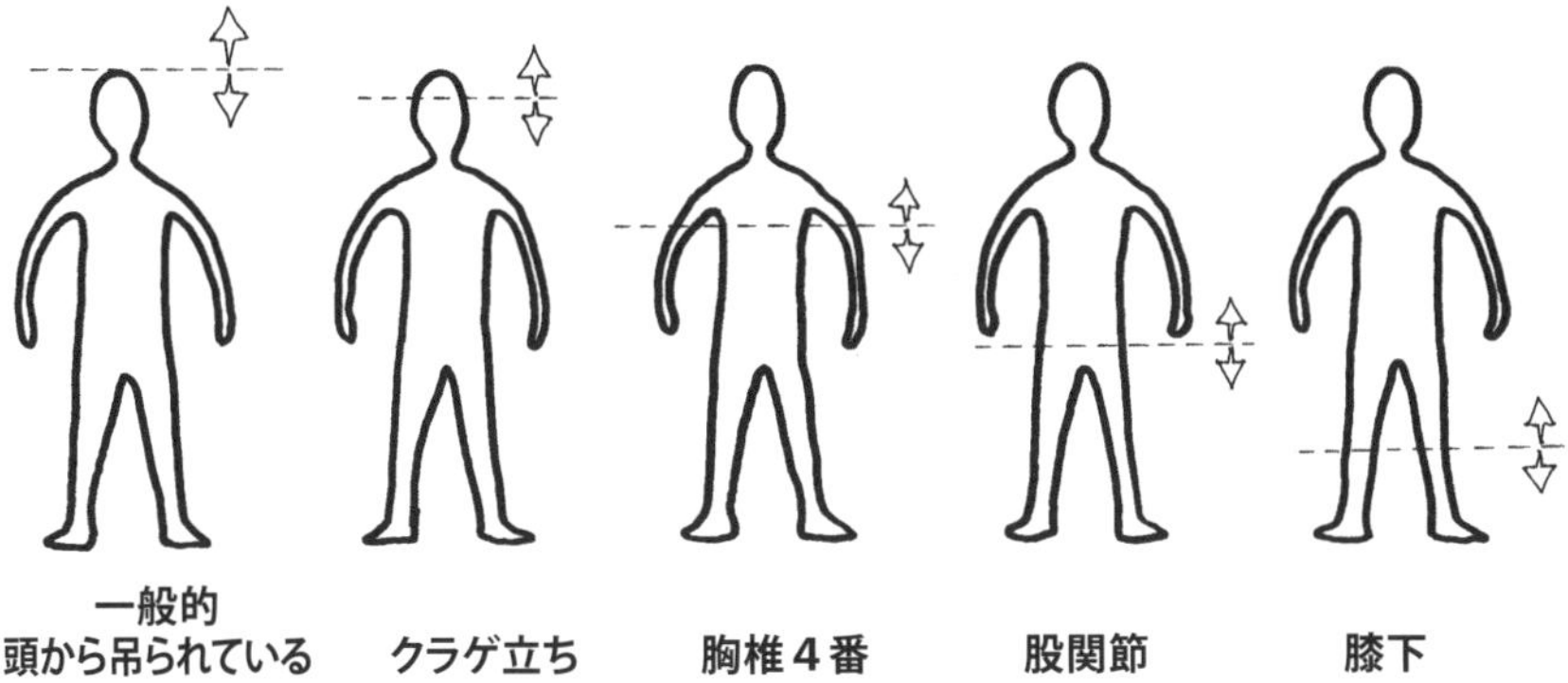

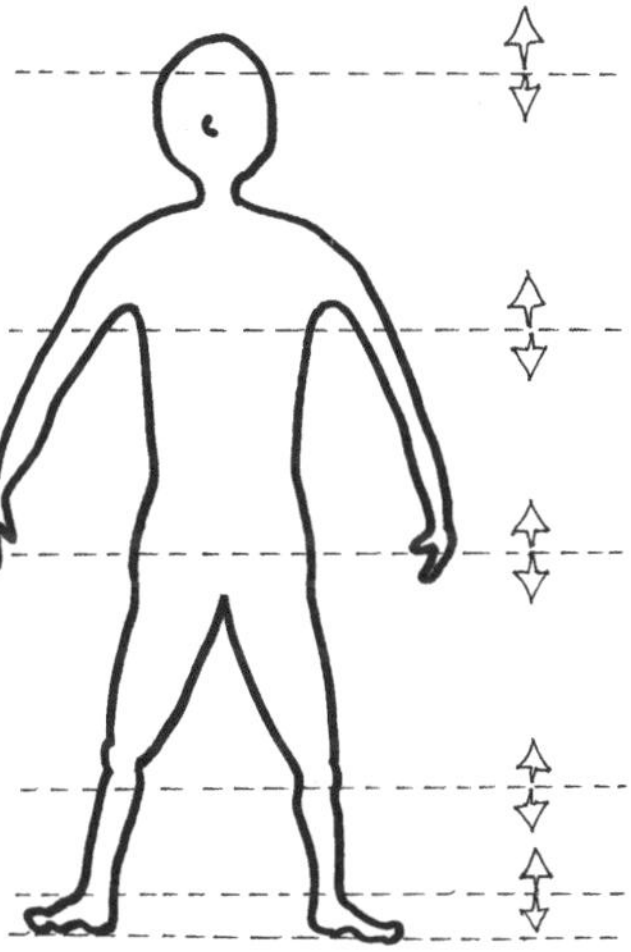

上図で示した箇所以外でも、あらゆるところで上下方向のエネルギーが、同時に働いている。すなわち、全ての部位がいつも、浮きつつ垂れている。

逆方向のエネルギー

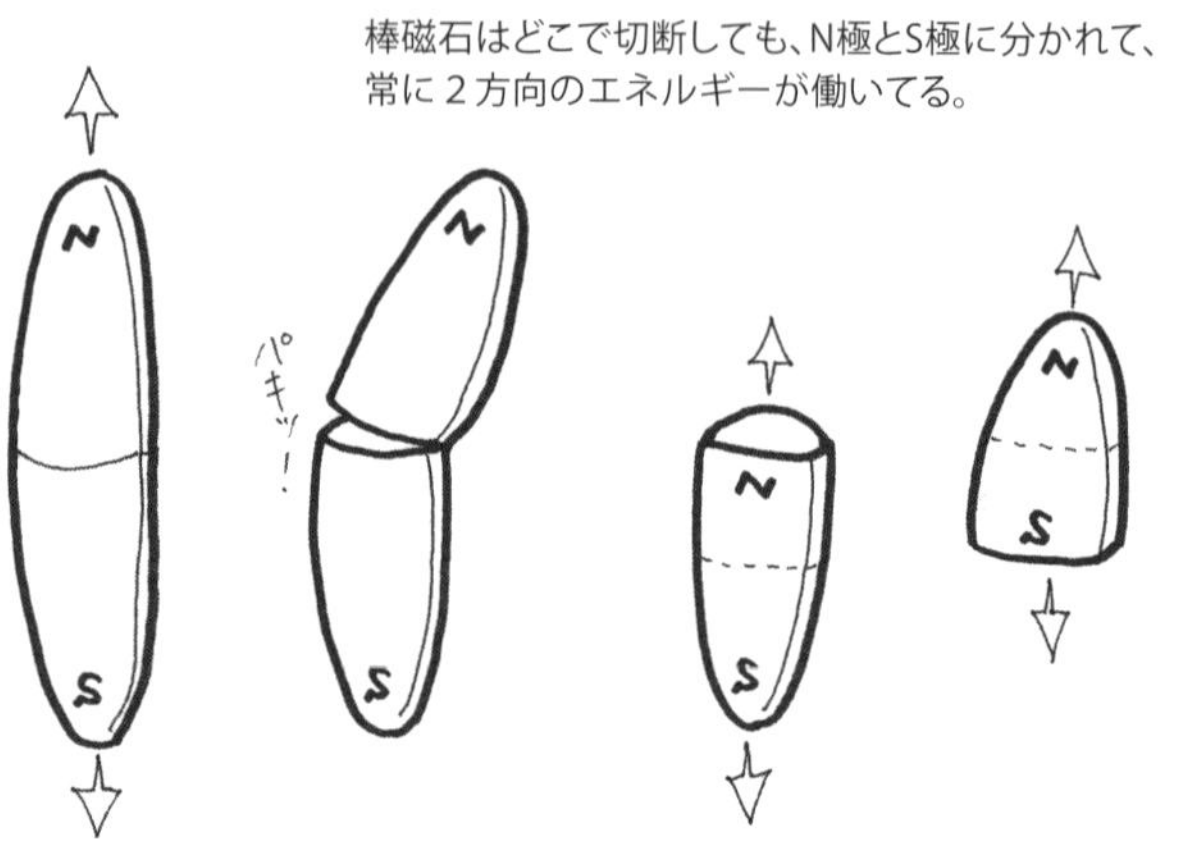

棒磁石はどこで切断しても、N極とS極に分かれて、
常に２方向のエネルギーが働いてる。

身体を使う上で大事なことの一つに、必ず〝逆方向のエネルギーを併存させる〟ことが挙げられます。それも、身体のどの部分を切り取っても、それが成立していることが望ましいんですね。

これを「立つ」で見てみましょう。例えば、股関節のところを境に、上半身は上へ下半身は下へ。上半身が宙に浮いていて、そこから脚がぶら下がっている感じですね。このとき、股関節は上下に引き離されるようにすきまが生じます。このイメージで立つだけで、ずいぶん普段とは違った感じの立ち方になるのではないでしょうか？

ところが、これは単に股関節のところを境にすると設定したに過ぎませんので、膝関節を境にすることもできます。そうしますと、膝（大腿骨と脛骨の間）にすきまが生まれ、膝から上が宙に浮き、膝から下が垂れ下がることになります。先述の胸椎４、

5番の間を境にすることもできますし、足首でも、足裏でも、どこでも可能です。これらは、全てが同時に成り立っているのです。

棒磁石をイメージしますと、わかりやすいと思います。真ん中からN極S極と分かれていますが、その真ん中で切断しましても、またN極S極と分かれますね。どこで切断してもそれぞれの断片でN極S極に分かれて常に完璧な棒磁石のまま。N極だけS極だけと一方向だけになることはありません。面白いですよね。

脳が〝浮いた〟状態

私たちが立っているとき、このように上半身でも下半身でもどこでも、どの骨も組織も上下両方向へのエネルギーが働いていて、〝浮きつつ重みが垂れている〟状態にありますと、一見エネルギーが相殺されて0（ゼロ）になっているようですが、それは何もないのではなく〝満ちた0（ゼロ）〟として、大きなエネルギーが生じているんです。ですから、こうした立ち方でいますと、押されても涼しい顔のまま根が生えたような強さを発揮すると同時に、サッと動ける軽やかさを兼ね備えることになります。

とはいいましても、身体のあちらこちらで上下エネルギーを意識するのは大変ですから、私のオススメするものを図（左掲「クラゲ立ち」参照）にしておきました。これはちょうど脳を持ち上げているような感じになります。脳が浮いていて、顔（目・眉のあたり）から下が重みで足裏から地中に垂れ下がっていきます。「クラゲ」のイメージですね。この

クラゲ立ち

脳が浮いていて、顔（目・眉のあたり）から下が重みで足裏から地中に垂れ下がっていく、「クラゲ」のイメージで立ってみる。

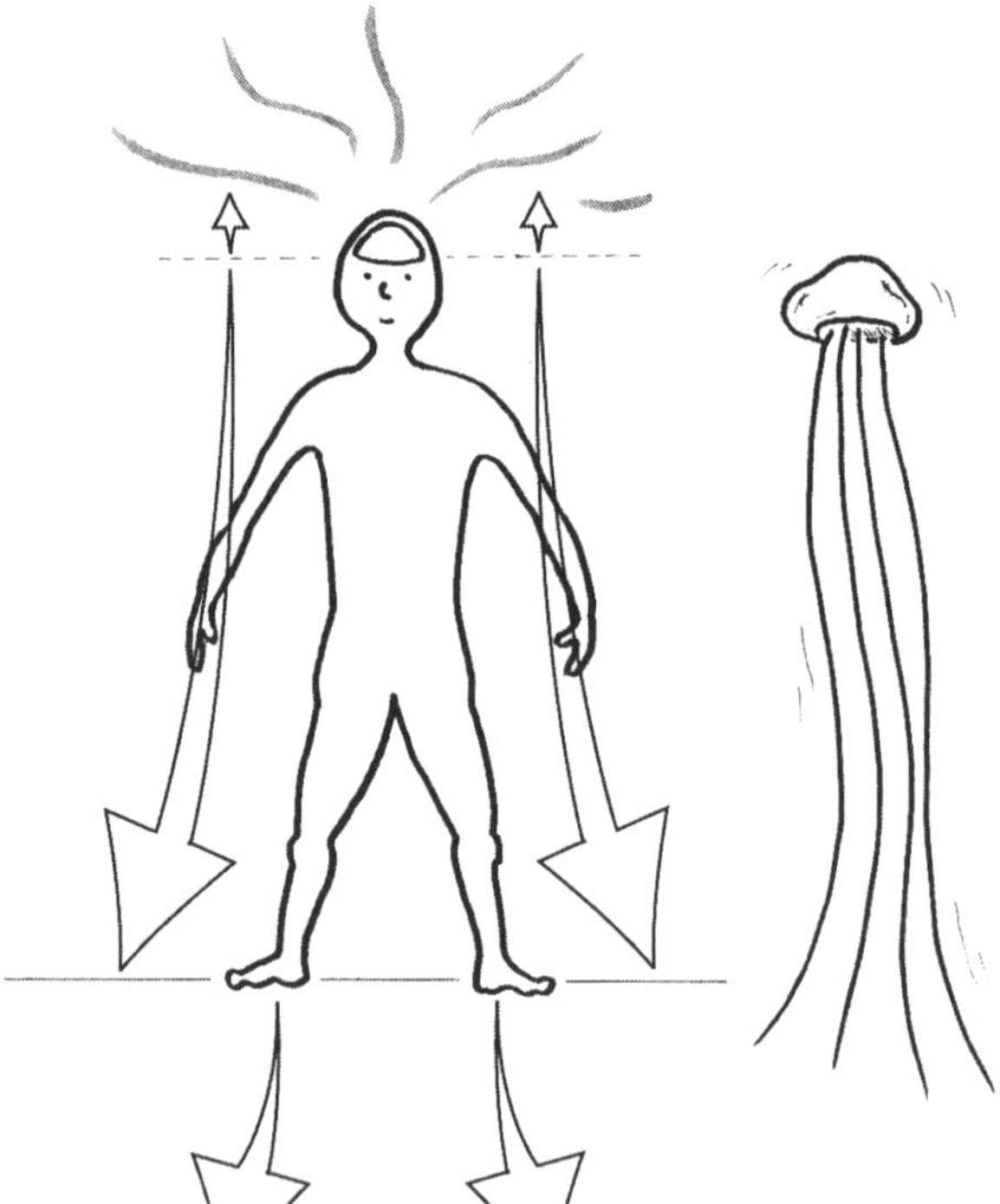

クラゲ歩き

クラゲ立ちのまま、浮いている脳がスーッと水平移動していくのに合わせて、ただ脚を（地面に）置いていく感じで歩いていく。

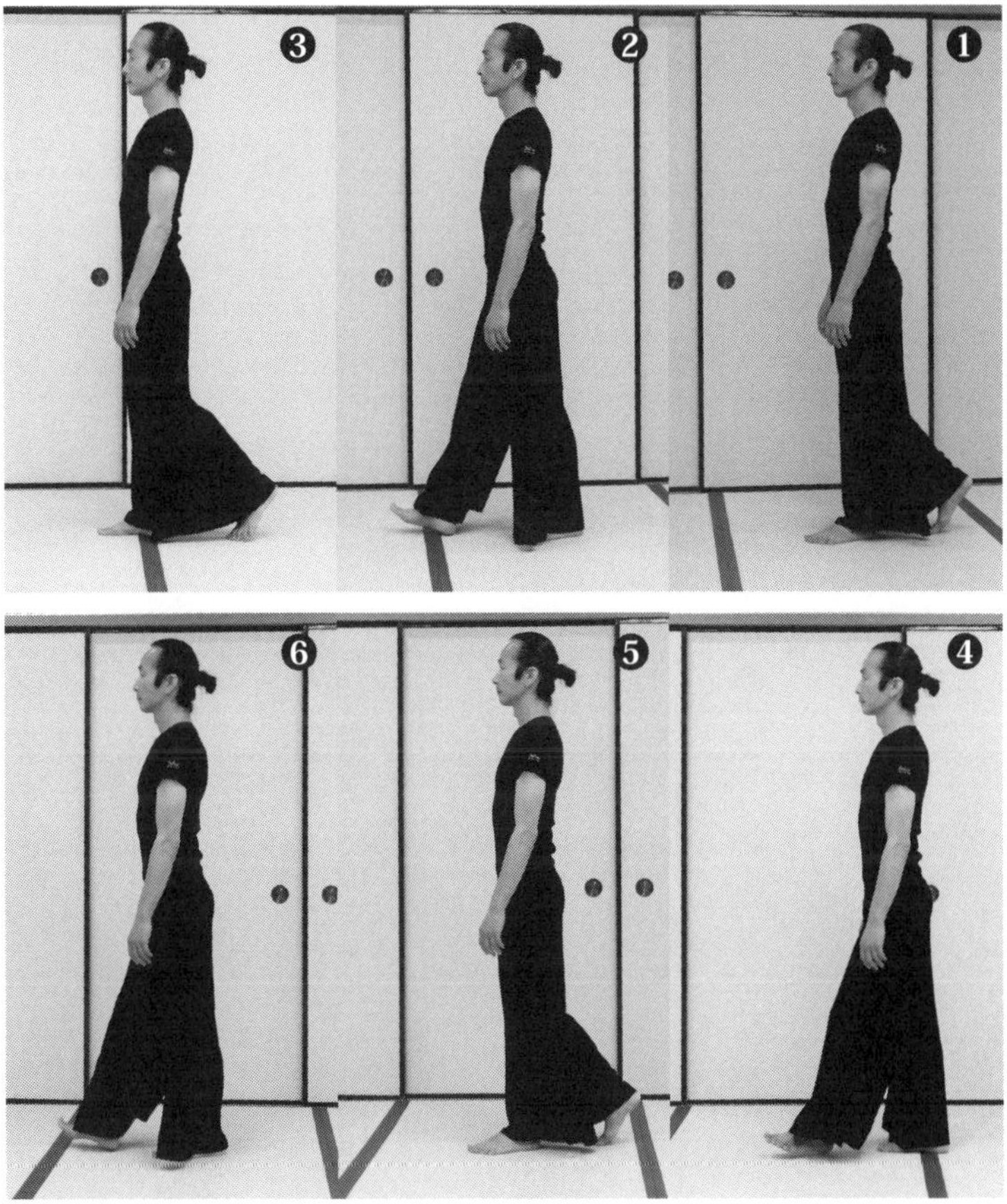

とき、頭頂部が開いて脳みそがオープン状態をイメージすると、なお良い（笑）。そして歩く際には、この浮いている脳がただスーッと水平移動していくのに合わせて、ただ脚を（地面に）置いていく感じにします（歩き方というのは、ただ一つの正解があるわけではありませんので、あくまで一つのあり方です）。

視界が高く、軽く浮いているように、人によっては自分が空気になったような感覚で、歩けるかもしれません。

頭のオープン・クローズ

試しに、このクラゲ立ち・歩きの際に、頭頂部を閉じて脳みそをクローズド状態にしてみてください。どうですか？　脳が重くなって浮かなくなりますよね？　体全体も緊張するかもしれません。たったこれだけで、エネルギーの流れ方が変わってしまうんです。身体の中に多くのすきまを作って、エネルギーの流れをせき止めないようにする必要があるということですね。

もし、脳みそのオープン・クローズドがうまくイメージできず、身体の感覚に全く変化

クラゲ立ちと頭の開閉

同じクラゲ立ちでも、
頭を閉じているときと、
開いているときでは、
全く異なる。

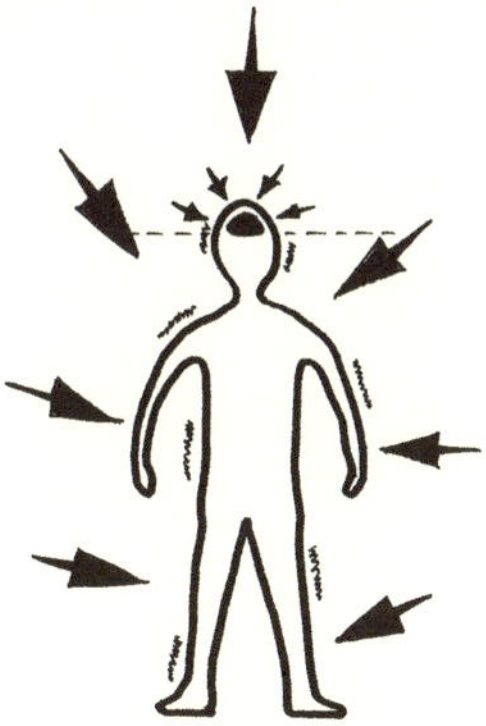

◀頭を閉じている

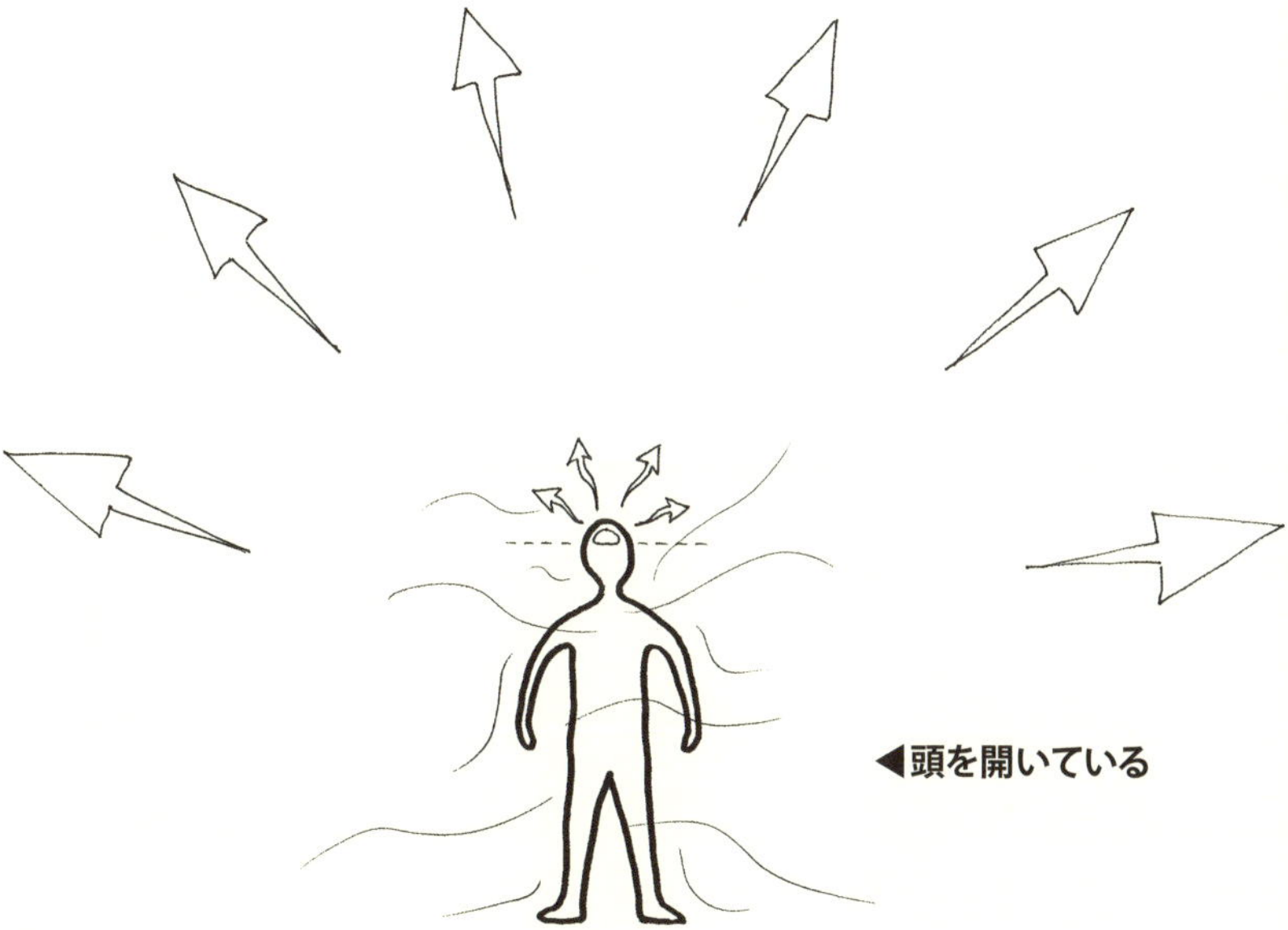

◀頭を開いている

が生じない場合、それはよほど自分の内側で閉じてしまう自己完結型で過ごしているのでしょう。そういう方ほど、身体のすきまに目を向けてエネルギーの流れを良くしていただくことが大きな力になります。

といっても、単に「イメージ力を高めましょう」ということではありません。本書の後半でお話しする予定ですが、セルフでの整体が大きな助けになってくれます。現時点では想像し得ない自分の軽やかさとともに、イメージするというのは考えることではなく、身体がもたらすものであることを実感していただけると思います。

科学的トレーニングから抜け落ちてしまうもの

また、身体のすきまにエネルギーが通ると考えますと、身体の輪郭、つまり皮膚も多孔質であることから、エネルギーが身体の内から空間へと広がるのは自然なことになります。これは、皮膚感覚を閉じてしまうとやはり独りよがり、自己完結型になりやすいということでもありますし、皮膚感覚が開いていると、存在自体が大きくなるということにもつながります。

作品『黒い空』より

「クラゲ立ち・歩き」の状態の自分と周囲の環境を感じとってみてください。単に視界が高いということだけでなく、自分自身が大きくなったように感じませんか？　視界の広さ明るさはどうでしょう？　身体の輪郭は空気に対して遮断した感じですか？　それとも溶け合うような親和性がありますか？　これらの感覚、頭頂部を閉じた場合では、どうなりますか？

身体を単に物体として、心が操っていると考えてしまいますと、このような感覚的なことを無視してしまう可能性があります。科学的トレーニングといわれるものでは、考慮されていないように思います。

このあたりのことも含めて、エネルギーを「気」としてお話を進めることも不可能ではないと思いますが、個人的な感覚としましては、「気」としてしまいますと神秘化されてしまいそれは本意ではないことと、「気」の本職（？）の方々は違う意味合いを持たれているかもしれませんので、あくまでも「エネルギー」という言葉を使っていますので、馴れていただければと思います。

気持ち良さを味わう

さて、こうして2回にわたって見てきました「エネルギーが身体のすきまを流れる」ですが、科学的な測定が可能かどうかということではなく、このような考え方が非常に有用であろうということです。

そして、その流れを良くするには、「クラゲ立ち・歩き」のように動作自体によって動きの質を上げること（神経回路の組み替え）と並行して詰まった関節や筋肉をほぐすような、物体としての身体の質を上げる（新鮮な生きのいい身体にする！）ことはやはり大切になります。

全身のエネルギーの通りが良ければ良いほど、身体が喜びを感じます。頭で考えてうまくできているかどうかを判断しようとするのではなく、気持ち良さがあるかどうかに目を向けることは、自分の身体とつき合っていく中で、とても大切なことになります。

ぜひ、クラゲの気持ち良さを味わう時間を積極的に作っていただければと思います。■

第3章

和の身体と西洋の身体、そのエネルギーの流れ

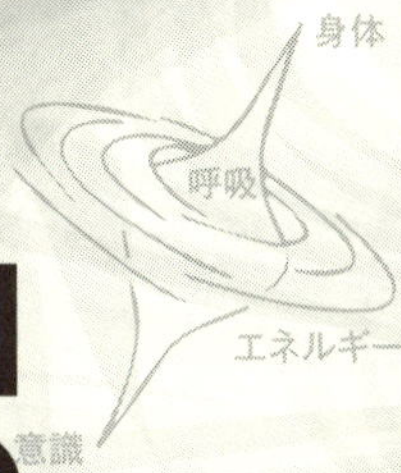

作品『うたかた』より
撮影：Aya Tanaka

イン（内向き）とアウト（外向き）

第1〜2章にわたってエネルギーのお話をしてきましたが、日本人と西洋人の違いについて考えることは、身体を目覚めさせる上で大きな力になると思います。といいますのは、土台となる身体のエネルギーの流れ方が両者では異なるんですね。それを考慮せずに例えば、「西洋の身体」から生まれた動きを「和の身体」のままで習得しようとしましても、形を真似るだけになり、エネルギーでいえばむしろ無理が生じかねないのです。

日本人は椅子に座ると背もたれに寄りかかってしまいやすいように思うのですが、これは単に姿勢が悪いとか、よもや腹筋が足りないということではなく、そもそも和の身体の持つエネルギーの流れ方が、椅子には不向きなんです。身体のエネルギーの違いが生活様式の違いとして現れ、発展するスポーツなどの違いにもなってくるわけですから、身体の違いを無視していると、ただの物真似になりかねない。そうならないようにしましょうということですね。

ちなみに、私がなぜこのことを強く意識するようになったのかといいますと、日本舞踊（藤間流）を17年ほど学んでいまして、ベースとなる構え（立ち方）について、いつもバレエとの違いが気になっていたのですが、バレエの先生へのレッスンの中で、先生曰く「基本的に日本人は身体が違うから、間違った教えが蔓延している気がする。身体自体を変える必要がある」という発言をされていて、けれどご本人は日本人でありながら西洋の身体であるために、どうレッスンしたらいいのか試行錯誤されていたのをお手伝いしたことがきっかけになります。

さて、格闘技・武術系の世界でも、日本では相撲・柔道・空手・刀、西洋ではボクシング・フェンシングのような違いがあります。またよく聞きますのがノコギリの違い。日本では引いて、西洋では押して使うように刃の向きが違う。

身体の違い、ひと言でまとめるならば、「イン（内向き）かアウト（外向き）か？」なのですが、皆さん察しがつくように、和の身体はイン。西洋の身体はアウト。

もう少しだけ分解しますと、

和の身体……下へ／引く／しゃがむ／箸・茶碗
西洋の身体……上へ／押す／椅子／ナイフ・フォーク

といったところが挙げられます。

これは、それぞれの身体にとって、右に挙げた状態のときにエネルギーが通りやすいと

日本と西洋の「ノコギリの使い方」

日本ではノコギリを「引いて」使う（①〜③）ように刃がついているの対し、西洋では「押して」使う（④〜⑥）ように、刃の向きが異なっている。これは、和の身体と西洋の身体では、そもそも身体のエネルギーの流れ方が異なることに由来しているためと考えられる。

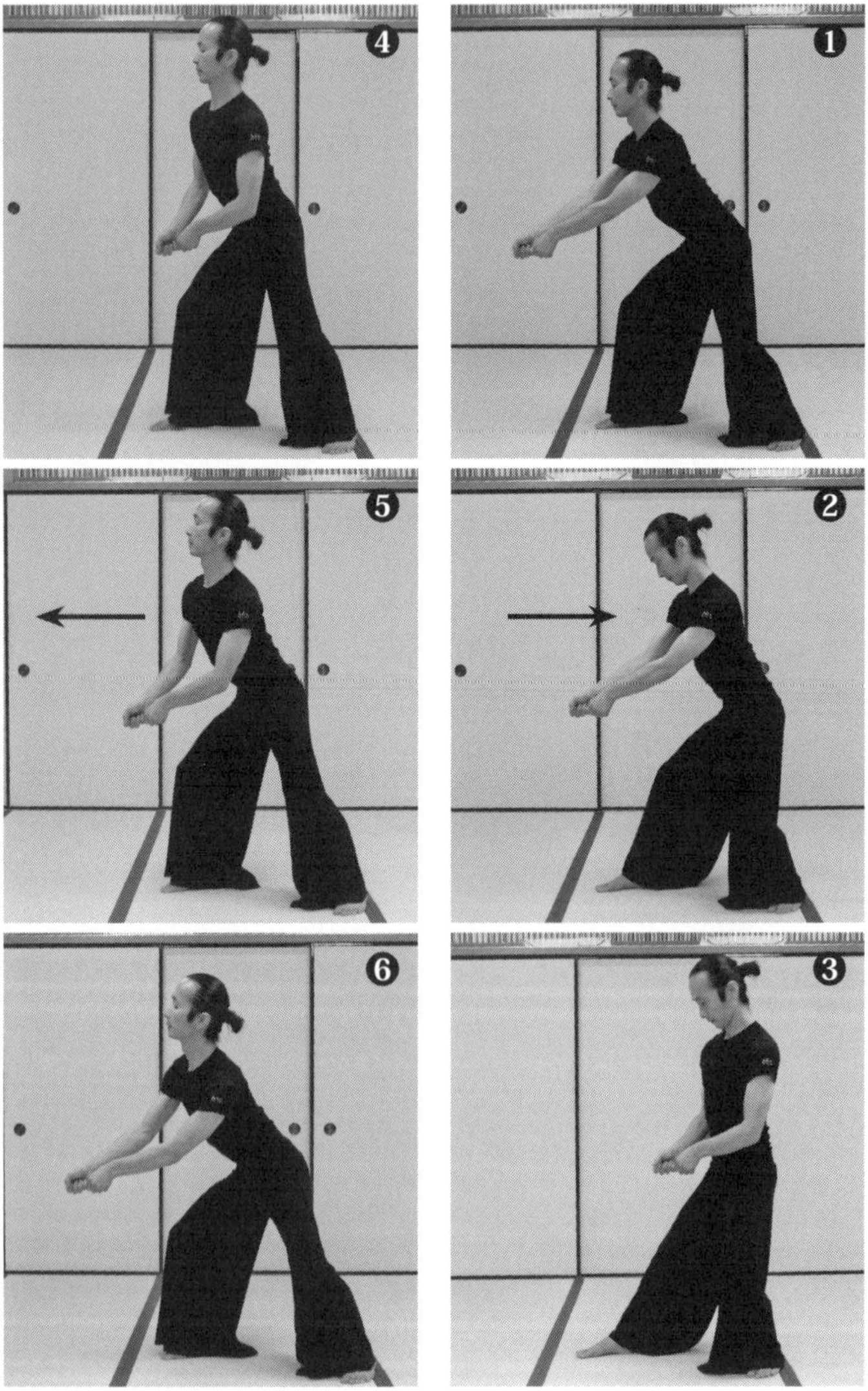

いうことで、美しさ強さが発揮されるということでもあります。逆にいいますと、違う身体で事に当たりますと、表面的な形に縛られることになりやすいということですね。

腕の付け根の違い

本章では主にわかりやすい腕（押す力・引く力）を見ていくことにし、次章では脚（踏む力）を見ていきます（腕・脚に通るエネルギーは、背骨・骨盤が要因になっているともいえますし、背骨・骨盤が影響を受けているともいえるのですが、本書では腕・脚を取り上げます）。

まず、「腕の付け根はどこか？」という問題です。多くの方は、腕の付け根を肩だと考えると思いますが、解剖学的には、腕の付け根は胸鎖関節になります。これは、肩甲骨が直接、体幹部分の骨とつながっておらず、鎖骨を通じて胸骨につながっているからなんですね（胸骨は肋骨を通じて、背骨につながります）。

これは確かに間違いではない……ないのですけど、足りないのです。和の身体と西洋の身体と考えたとき、これは、やはり西洋の身体の発想なんです。格闘技で見てみるとわかります。パンチ・突きですが、西洋のパンチ、ボクシングでは拳を顔の前で構えて打ちます。一方、和の突き、空手では腰（あるいは脇）に構えますね。どうしてか？　西洋の身体では、いわゆる解剖学通りに、胸鎖関節が腕の付け根になるので、そのあたりからパンチを出すことが、一番自然。胸鎖関節から腕が伸びていく形ですね。

ところが、和の身体では、腕の付け根が胸鎖関節ではなく、肩甲骨の下角（一番下）なんです。ですから、突きは、胸鎖関節からではなく、肩甲骨の下角から伸びていく形にしたいのです。そうしますと、自然に拳を構える位置が、顔の前ではなく、腰（あるいは脇）というように、下がるんですね。相撲の鉄砲も、脇を締めて、手の平・掌底を下から突き上げるような形で突きます。これも、腕の付け根が肩甲骨の下角だからこそです。

そして、和の身体では腕の付け根が肩甲骨の下角であるがゆえに、引くという動作のほうが、得意になるのです。胸鎖関節が腕の付け根ですと、引きづらい。相撲でも柔道でも、基本は引き込む力です。相撲のまわしにしても、柔道着にしても、引き込む力を活用するために着用するわけです。

また、食事の際の箸・茶碗とフォーク・ナイフの違いも、腕の付け根が肩甲骨の下角ですと下から包み込む形が自然なんですね。下から包み込んで、引き寄せるようにして箸・茶碗で食事をする。一方、胸鎖関節ですと上から押さえ込むほうがやりやすい。上から押さえ込

西洋の身体
〈パンチ〉

和の身体
〈突き〉

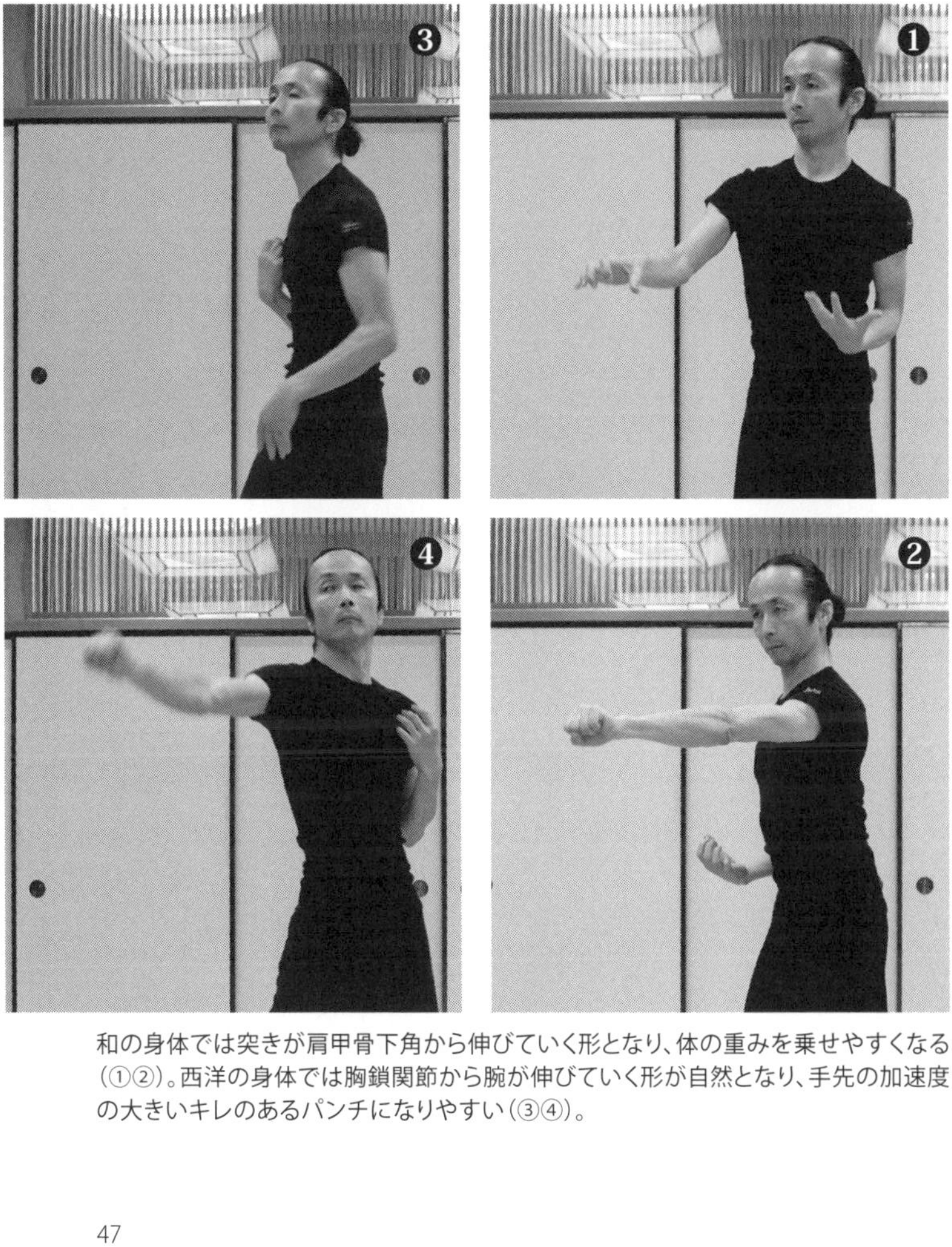

和の身体では突きが肩甲骨下角から伸びていく形となり、体の重みを乗せやすくなる(①②)。西洋の身体では胸鎖関節から腕が伸びていく形が自然となり、手先の加速度の大きいキレのあるパンチになりやすい(③④)。

腕の付け根

腕の付け根が胸鎖関節である西洋の身体では、食事の際も上から押さえ込んで押し出すようにナイフやフォークを使う。対して、和の身体では腕の付け根が肩甲骨の下角であるがゆえに、下から包み込んで、引き寄せるようにして箸・茶碗で食事をする。

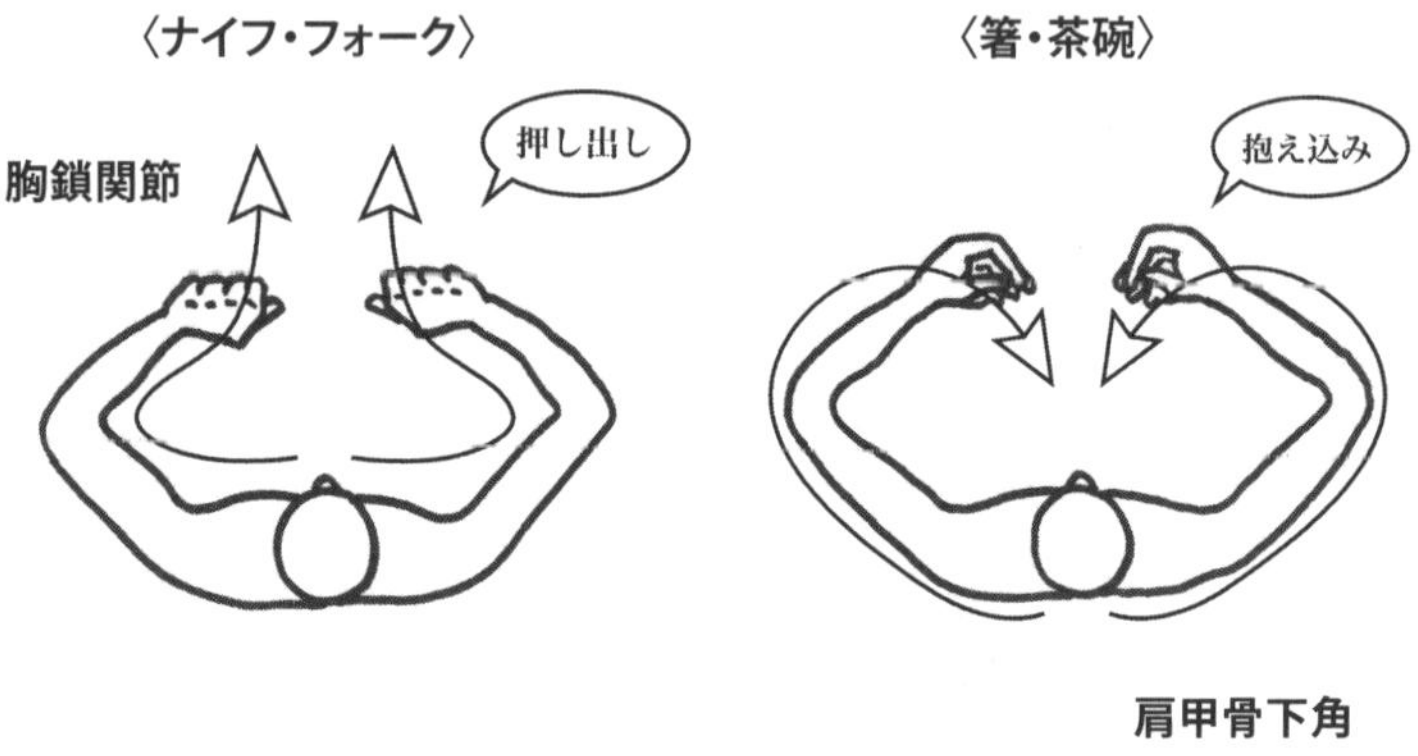

んで、押し出すようにしてフォーク・ナイフで食事をするわけです。

これが、和の身体でナイフ・フォークを使いますと、下から包み込む・握るように持った手を返すようにして使う形になりがちで、肘を張りやすくぎこちなくなります。

これらの科学的な検証は学者といった専門家に別途譲るとして、実践第一ということで、このような捉え方を役立てていただければと思います。

橈骨と尺骨を通るエネルギー

こうした腕の付け根の違いが、前腕部に通るエネルギーの〝橈骨《とうこつ》・尺骨《しゃっこつ》の違い〟にも現

腕のエネルギーライン

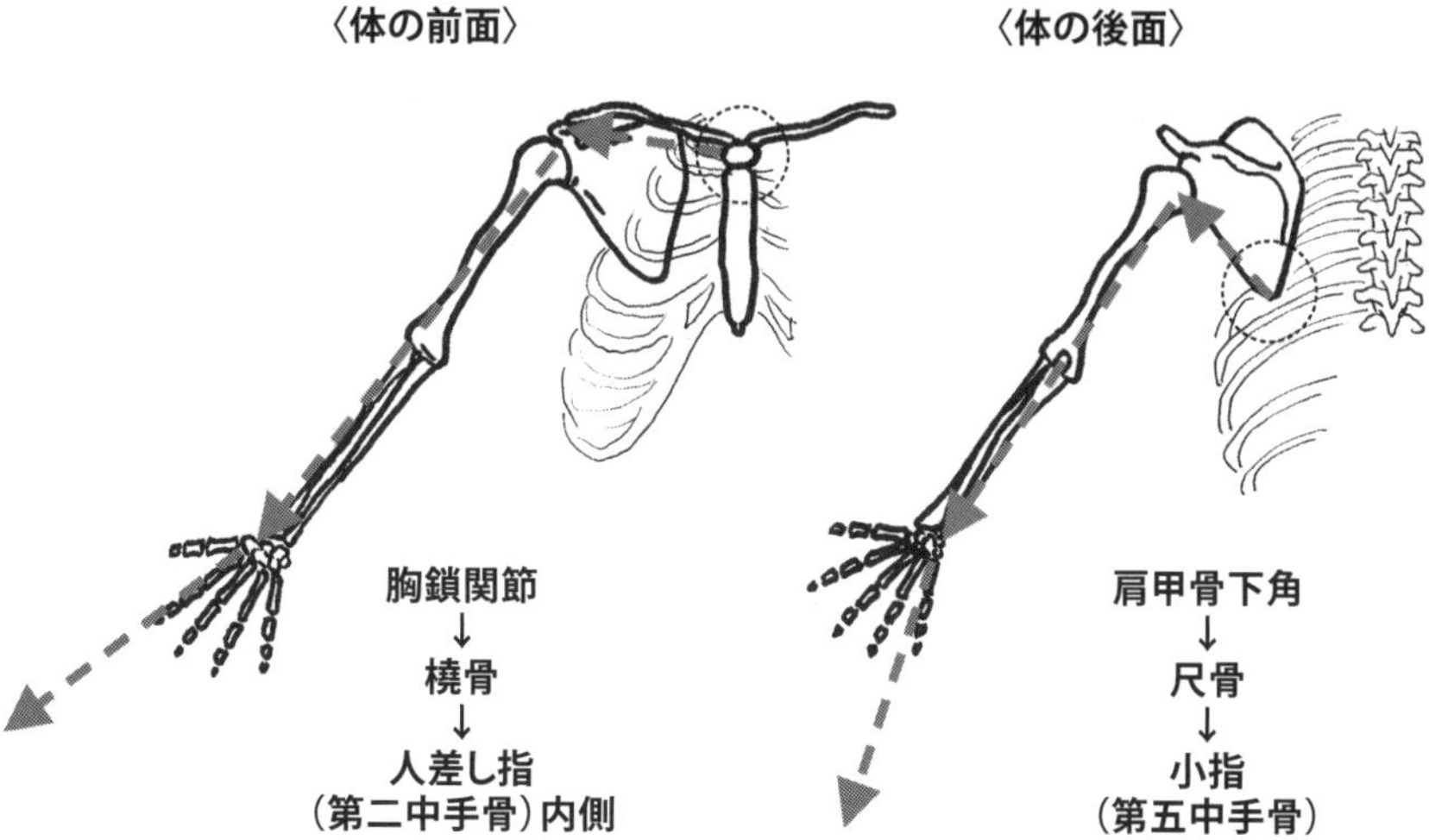

れます。和の身体では尺骨（小指側）、西洋の身体では橈骨（親指側）を通りやすい。

引き込む動作は小指を巻き込むように使いますと、強くなります。それもできたら、小指の中手骨と手根骨の関節（手根中手関節）から動かせるといい。尺骨を経由して肩甲骨下角とつながり、腰背部の筋が働いてくれます。もし、人差し指で握り込むようにしますと、身体の背面ではなく前面の筋が働きやすくなってしまいます。

試しに、腕を前方に肩の高さで伸ばした状態で、親指と人差し指で輪っかを作り、互いの指を強く押しつけ合ってみてください。このときの、腕の付け根あたりでどこに力が入っているか？　それを、人差し指ではなく小指で行ったときと比べてみてください。よくわかると思いますよ。

一方、押し出すような動作では、尺骨に通すようにしますと身体の重さを伝える感じとなり、橈骨に通しますと伸びやかで鋭さが出やすくなります（一般的には腕を体の前で手の平が下向き↓（内回し）↓外向きになるように動かしますから、必ず橈骨は通ります。腕の付け根が胸鎖関節か肩甲骨下角か？の違いだと考えてください）。ちなみに、橈骨につながるのは人差し指中手骨の内側（親指側）ラインになります。腕をどの方向でも伸ばす際に、人差し指中手骨の内側ラインを捻りながら伸ばすようにしてみてください。鎖骨とのつながりが強いので、胸鎖関節から伸びやかにどこまでも伸ばしていける感じになるはずです。例えば、人差し指の外側（中指側）ラインや他の指を意識して行ってみますと、その違いがよくわかると思います。

これを日本舞踊とバレエに当てはめてみます（左掲写真）。どちらも右腕を下げている位置から伸ばしたまま前方に持ち上げるとした場合、右手人差し指中手骨内側ラインをスーッと持ち上げるようにしますとバレエ的な軽やかさと伸びやかさが生じます。次に、同じように持ち上げながらも小指・小指中手骨を握り込むようにして尺骨・肩甲骨下角との結びつきを感じていますと、どうですか？　日本舞踊的な静かで重みのある感じになりますね。もしバレエダンサーで尺骨側エネルギーが強い人ですと、腕が重く長さが出づら

西洋の身体
〈バレエ〉

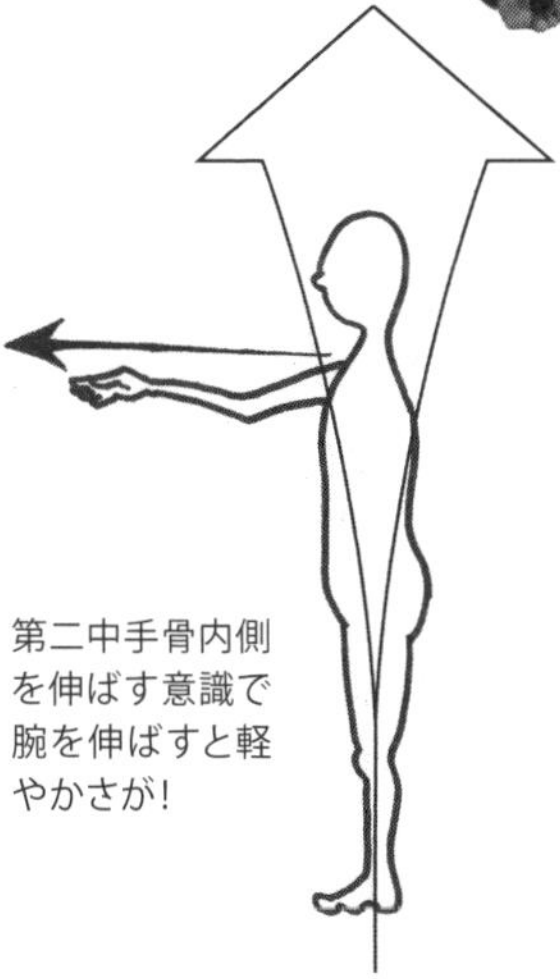

第二中手骨内側を伸ばす意識で腕を伸ばすと軽やかさが!

和の身体
〈能・日本舞踊など〉

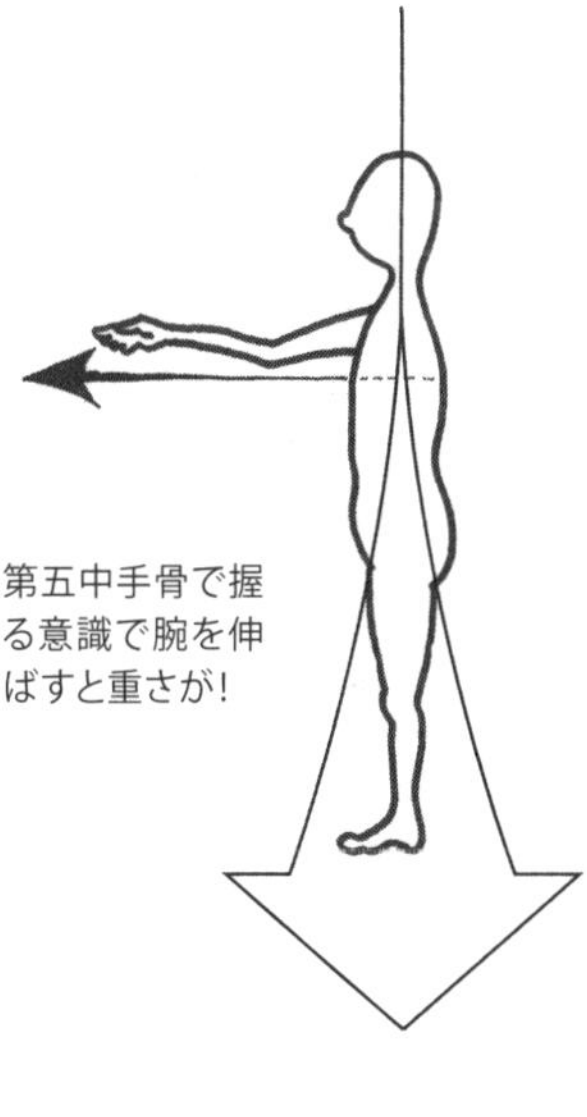

第五中手骨で握る意識で腕を伸ばすと重さが!

くなります。形ではなく、エネルギーのラインがそうさせるわけです。

鎖骨と肩甲骨の自由度

ところで、当然のことながら「和か洋か?」ではなく、状況に応じて無意識に最善の使い方ができるに越したことはありません。ですから、人差し指と小指の間の中指と薬指が大事だったりもするのですが、まず前提条件として上肢帯(鎖骨と肩甲骨)の自由度の高さが重要になります。

上肢帯は肋骨の上に乗っかっています。肋骨は上部が紡錘形をしていますから、上肢帯は滑らかに前後左右にずり落ちることができるとイメージすると、動きが良くなります。その上で、押す・引くに強く関わる肩甲骨の動きを見てみましょう。肩甲骨は肋骨の上を様々な方向に滑るように動くことができます。押す場合は外転という外に開いていく動きになります。引く場合は逆に、内転という背骨に寄ってくる動きになります。これに押す場合は上方回旋という動きを、引く場合は下方回旋という動きが加わります(左掲写真参照)。

肩甲骨は本来、肋骨の上に浮いているようになっていますから、そのすきまが潰れてしまい肩甲骨と肋骨がくっついてしまうような感じでは、動きづらくなることは想像がつく

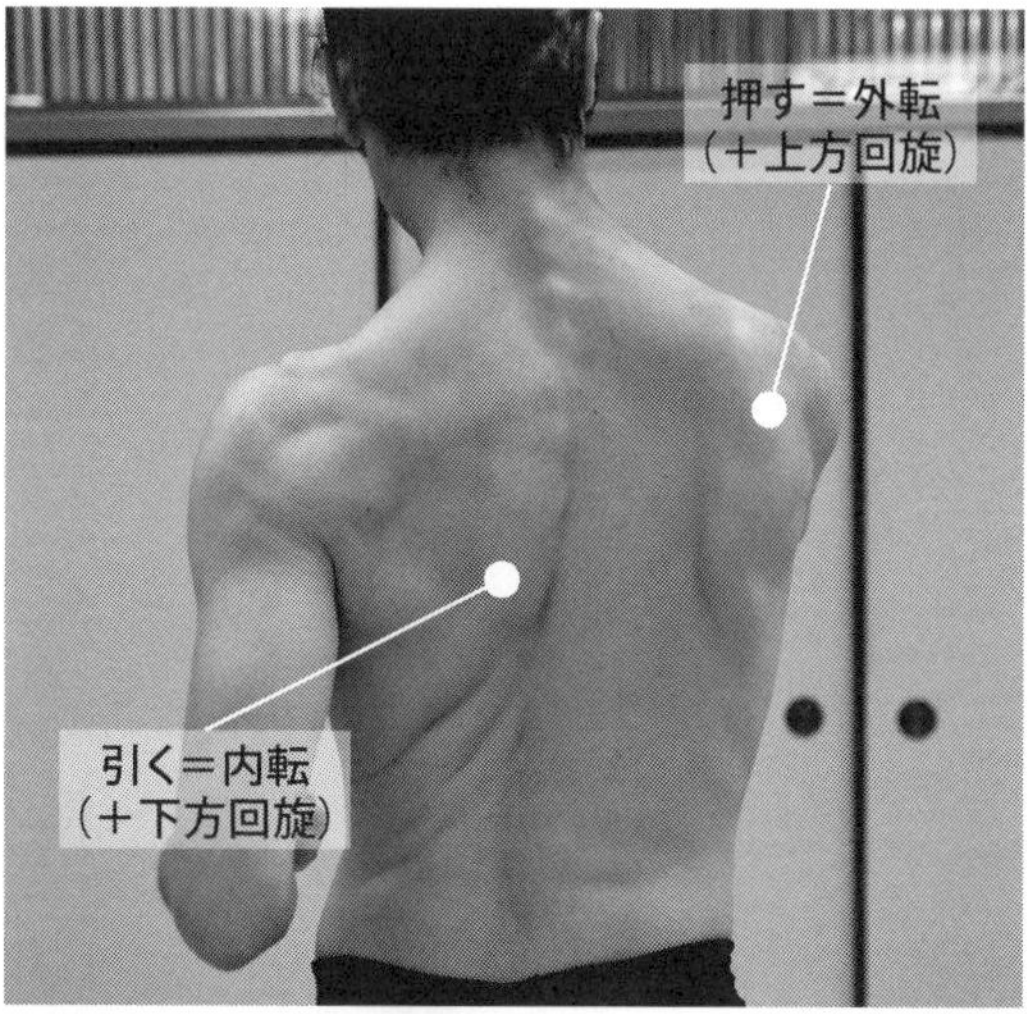

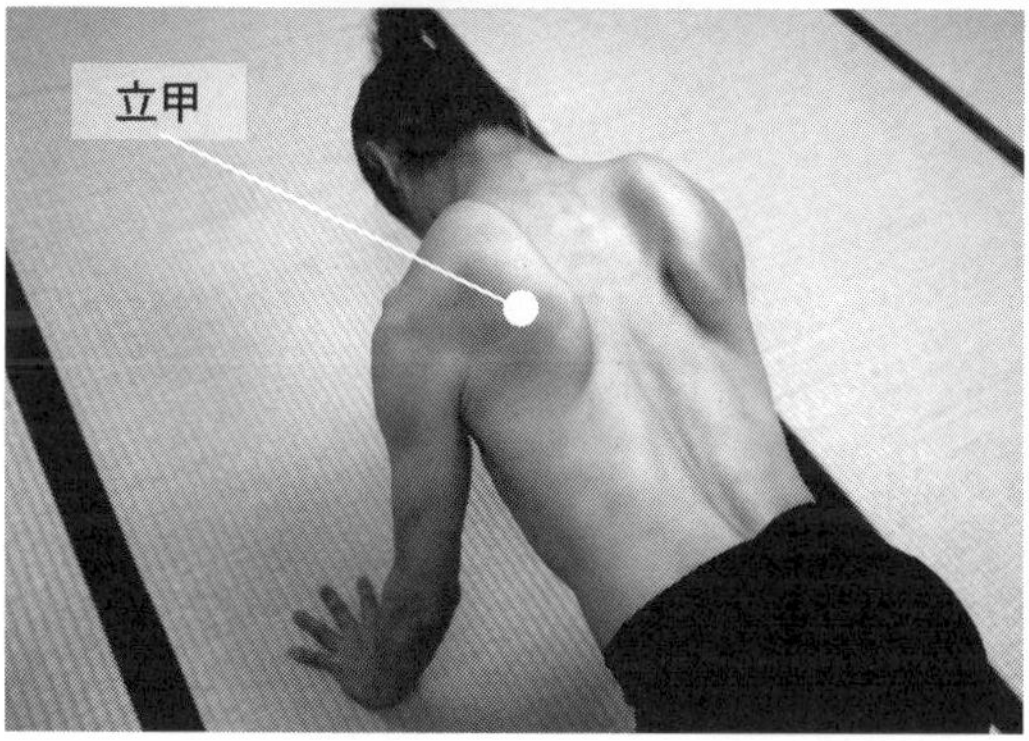

（上写真）肋骨の上を様々な方向に滑るように動くことができる肩甲骨は、押す場合は外に開いていき（外転）、引く場合は背骨に寄ってくる動き（内転）になる。（下写真）肩甲骨が背中から浮き立つ「立甲」の動き。

すね）。

かと思います（「立甲《りっこう》」といわれる、肩甲骨が背中から浮き立つ動きが重要ともいわれま

次に鎖骨です。鎖骨と肋骨の間のすきまは見落とされがちですが、極めて重要であり、そのためにも胸鎖関節が良い動きをしてくれる必要があります。

そこで、胸鎖関節のすきまを潰さないようにするわけですが、このことが、たとえ手先の動きであっても全身運動だという理解の助けにもなると思います。

例えば、手を前方に伸ばすと鎖骨も連れられていきますが、胸骨は一緒に連れていかれてしまわぬよう、反対方向へと動かすのです。胸骨と鎖骨が引っ張り合いをする感じですね。もちろん、腕の角度・伸ばす方向が変われば、その引っ張り合いの角度も変わりますから、胸骨の動く方向や力具合にも変化が生じます。手先に伴って動く胸骨は肋骨を介して背骨の動きになります。単に胸骨を止めておく・固定させるという意識にしてしまいますと、全身の連動性が生じず、小さく固い動きになります。

胴体を適切に動かす

全身で動くことの重要性がいわれますが、それは無意味に全身で頑張るということではなく、こういうことなのです。見た目には腕が動いていますが、それは一見動いていない胴体を基準に見ているので動いているのは腕ということであって、腕を基準にしますと胴体のほうが動いているわけです。そうしますと、「胴体（ここでは胸骨）をどう動かすか？」が大事になってきます。胴体を適切に動かすことが、腕の適切な動きになるということですね。胸鎖関節に限らず、すきまを機能させるという考え方を採用しますと、このような双方向・多方向の動きが〝自然と〟生じ、結果、何をしても本当の意味での全身運動、全身にエネルギーが通る動きになるわけです。

最後に。「肩が上がらないように」とよく耳にしますが、肩を下げようと筋肉を意識しますと、肩甲骨の動きにおかしな制限をかけることになり、手先へのエネルギーは弱まってしまいますし、動き全体も固くなってしまい、美しさも強さも失われます。

肩甲骨下角の動きの自由度を高め、鎖骨と肋骨のすきまを機能させるように、腕のエネルギーラインを作ることで、肩は〝自然と〟良い位置で動くようになります。

腕を自由に大きく動かす際に、肩が上がってしまわないようにといったネガティブな動きに意識を向けることは、身体全体に不自然さしか生じません。ですが、腕のエネルギーラインに思いを巡らせるといったポジティブな動きに目を向けることは、より大きな自由を得ることになります。当然、美しさも強さもより大きくなります。

皆さんも、腕の骨、人差し指中手骨内側―胸鎖関節ラインと、小指中手骨―肩甲骨下角ラインがどう活かされ得るかを、探ってみていただければと思います。■

第4章

踏む力と、下丹田・中丹田

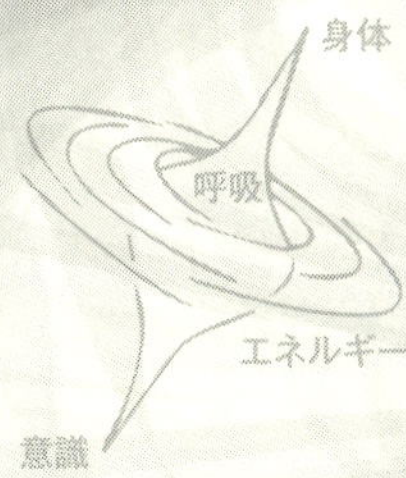

作品『照 shou』より

上下エネルギーの違い

第3章では、和の身体と西洋の身体の違いとして、腕（押す力・引く力）を見ていきました。本章では脚（踏む力）を見ていきます。

和の身体……下へ／引く／しゃがむ／箸・茶碗
西洋の身体……上へ／押す／椅子／ナイフ・フォーク

それぞれの身体にとって、右に挙げた状態のときにエネルギーが通りやすく、美しさ強さが発揮され、違う身体で事に当たりますと、表面的な形に縛られることになりやすいということです。和の身体では（脚で地面を）踏むと膝が曲がるような働き方をし、西洋の身体では踏むと膝が伸び、つま先立ち（バレエのルルべ）になります。これが、和の身体ではエネルギーが下へ、西洋の身体ではエネルギーが上へということです。

踊りはとてもわかりやすく、その上下エネルギーの違いを見せてくれます。バレエが膝もつま先も伸ばして上へ上へと軽やかさを目指しているのに対して、和の能や歌舞伎、日本舞踊といったものは膝を曲げ踵を浮かさず、下へ下へと重みを大事にしていま

踏む力の作用

西洋の身体
〈膝が伸びる〉

和の身体
〈膝が曲がる〉

和の身体では「踏む」と膝が曲がるような働き方をし、西洋の身体では踏むと膝が伸び、つま先立ちになりやすい。

す。宗教的な歌も同様で、教会音楽が天に届けといった感じである一方、お経や謡いは地を這うような感じですね。

この上下エネルギーの違いを騎馬民族か農耕民族かの違いに求めるものを耳にされたこともあるかと思います。ここでは、そのような文化的な違いが生じるに至った、あるいはそこから生じさせた、身体が持つそもそものエネルギーの流れ方の違いに目を向けたいと思います。

実は、前章の腕のエネルギーの通り方の違いも、本章の踏む力の作用の仕方の違いが大元にあると考えられます（腕・脚に通るエネルギーは、背骨・骨盤が要因になっているともいえますし、背骨・骨盤が影響を受けているともいえるのですが、本書では腕・脚を取り上げます）。

踏む力とエネルギーの焦点

まず〝踏む力の重要性〟ですけれど、地球の重力を使わずには、私たち地球上の生き物は、その力を存分に発揮できないということでして、月の上で、強いパンチを打つのは難しいですよね。走ることも、ままなりません。相手を押さえ込むのも、それをこらえるのも重力があってこそ。つまり、踏む力というのは、〝重力を活かす力〟なんです。ですから、この地球上で身体の運動機能に十全に働いてもらうには、踏む力は極めて重要な意味を持つのです（踏ん張ることとは異なります）。

その踏む力の作用が、和の身体と西洋の身体とでは異なります。和の身体では、踏むと「下腹（下丹田）が充実」します。一方、西洋の身体ではいわゆる「引き上げ」が生じ、胸（中丹田）にエネルギーが集まります。この西洋の身体で起こること（引き上げ）を見て、和の身体の人間が下手にドローイン（腹横筋でお腹を凹ませる）を重要だとしてしまいますと、下丹田が作用できず混乱を引き起こすと考えられます。

そこで一つこんなお話。和服は腰が入っていてこそ、美しい姿になると思うのですが、この「腰が入る」「腰を入れる」というのが、西洋人や現代日本人に難しいのは、踏む力の機能の仕方の違いだと考えられます。踏む力が下丹田を充実させ、それがイコール腰が入るという状態なのですが、踏む力が引き上げを起こす西洋の身体であったり、現代日本人のどっちつかずの身体でうまく踏めないことで、下丹田が充実させられずに、膝を曲げることと腰を入れることと混同してしまうのでしょう。

逆にいえば、和の身体やどっちつかずの現代日本人が、バレエのような踊りをしようと

踏む力と下丹田・中丹田

西洋の身体

踏むと足元から中丹田への上方向としてのエネルギーが生まれる。

和の身体

踏む力が下丹田から下方向のエネルギーとして生まれる。

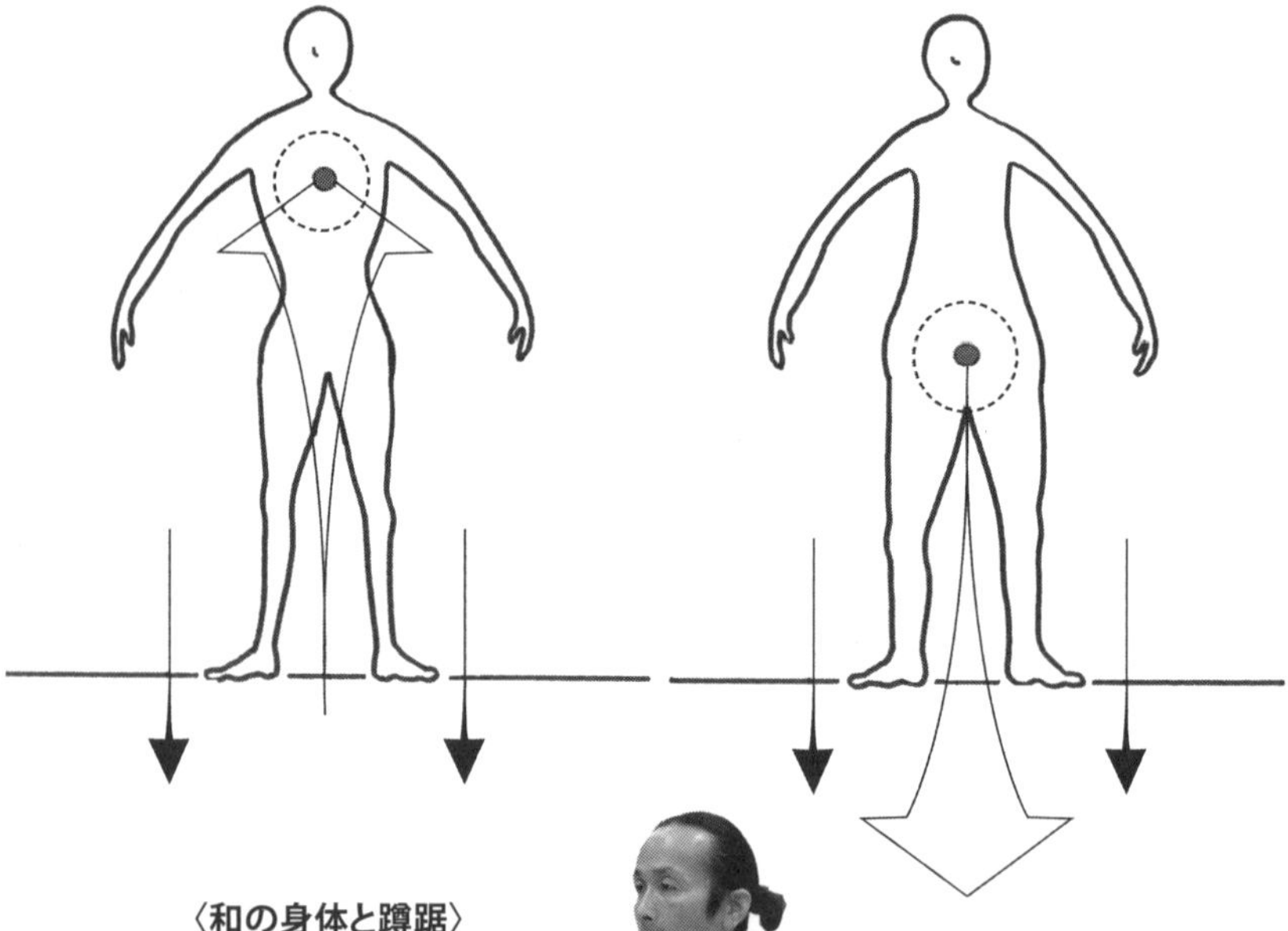

〈和の身体と蹲踞〉

蹲踞は和の身体として、下丹田や軸を養うのに非常に有用な姿勢。

しますと、とにかく引き上げることが重要といった勘違いが引き起こされます。このように形を見て、エネルギーを見ないことはままありますが、それでは当然エネルギーはきちんと通りませんから、本当の美しさは立ち上がりませんし、強さも生じません。ケガや故障の原因にもなりやすい。

ここでは主に踊りを題材にお話を進めますが、バレエを始めとするダンス全般でいわれる「引き上げ」について「日本人はおなかで引き上げて、欧米人は内ももの付け根で引き上げてるんじゃないか？」という話を聞いたことがあります。

和の身体では踏む力が身体を下へと導きます。西洋の身体では踏む力が身体を上へと引き上げます。ですから、和の身体で身体を上へと引き上げるには、踏む力をある意味殺しておなかで引き上げるしかないのです。

「引き上げ」は本来、和の身体でもきちんと踏めれば起きます。股関節に重さをかけないことがポイントです。それでもやはり、洋の身体とは違ったエネルギーの流れであるため、印象が異なります。

下腿部でのエネルギーの通り道

では、なぜ同じ踏む力が、上と下というような全く違う方向にエネルギーを生じさせるのでしょうか？　左掲載の図を見てください。

下腿部でのエネルギーの通り道が違うんですね。腕の場合、前腕部の橈骨を通るのか尺骨を通るのかといった、非常にわかりやすい違いがありましたけれど、脚の場合は脛骨の内側前方を通るのか、外側後方（腓骨寄り）を通るのかの違いがあると、私は見ています。

腓骨は脛骨に比べ非常に細く、また大腿骨とは直接つながっていないため、ここで体重を支えるというのは理に適わないので、太く大腿骨としっかりつながっている脛骨で支えることが重要なのですが、太いだけにそのどの部分を通るのかで変わってくるのです。

では、具体的に違いを見ていきましょう。まず、西洋の身体の脛骨内側前方ラインの場合、足部では親指寄り舟状骨にエネルギーが通ります。股関節側では内側前方（恥骨上枝寄り）に通ります。これが和の身体、脛骨外側後方（腓骨寄り）ラインの場合、足部では小指寄り立方骨に通り（宮本武蔵『五輪書』に出てくる「きびす（踵）をつよく踏むべし」は、このことを言っていると考えられます）、股関節側では外側後方（坐骨結節寄り）に通ります（エネルギーラインに沿って筋肉が発達しますから、西洋人は脛が細く、日本人

は太くなりやすい）。

そして、この踏む力のラインが異なることで、西洋の身体では、膝が伸び踏み上がる感じになり中丹田にエネルギーが集まります。横隔膜の脚部（大腰筋の起始部）と考えてもいいかもしれません。和の身体では、膝が曲がり下丹田で踏み込む感じになります。ですから、西洋の身体では踏めば踏むほど引き上がり、和の身体では踏むほどに大地に深く潜っ

脛骨内のエネルギーライン

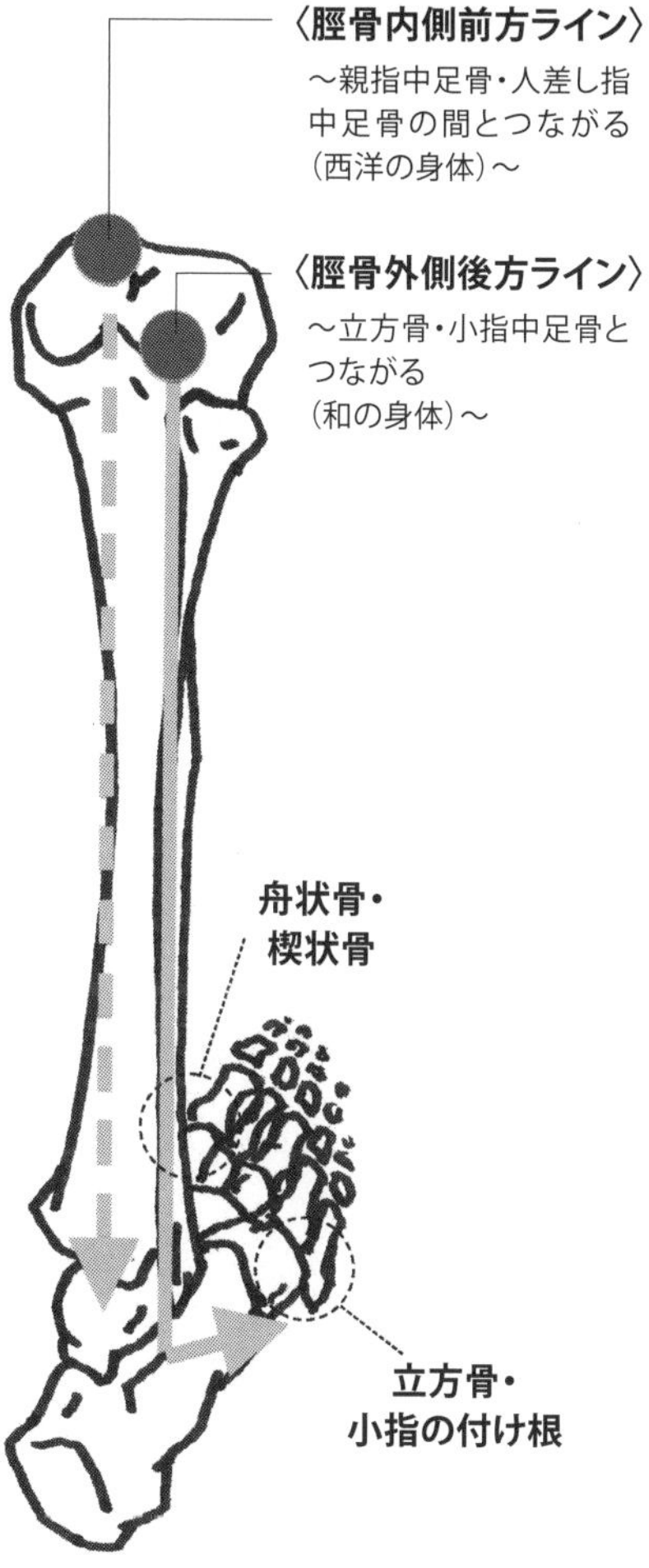

和と西洋の前方に飛び出すような動き

西洋の身体では、後ろ足で地面を蹴り、伸び上がる・跳び上がるような動きになり、結果、後ろ足が残る（①〜③）。
一方、和の身体では、地面を蹴らないので、水平移動となり、後ろ足が自然に前足に引きつけられる（④〜⑥）。

ていくような感じになります。このことが骨盤の角度にも現れ、西洋の身体では前傾（お尻が持ち上がる）し、和の身体では後傾（お尻が下がる）しています（日本人が猫背でがに股で脚が太くなりやすいのも、西洋人は歳をとっても胸が持ち上がって脚がスッと伸びているのも、うなずけます）。

ただし、気をつけなければいけないことがあります。こうして「踏む」ことを見てきていますが、あくまで「踏める」ことが前提になっています。踏むというのは思った以上に難しく、股関節周りや太もも（大腿四頭筋）を力ませてしまいますと、体幹部と下腿・足部のつながりが断たれ、エネルギーの上も下もない「踏んでる気分」「力み」になってしまいます。このあたりのことは次章で詳しく述べますが、まずは、前述しました「クラゲ立ち」の状態で股関節のすきまを大切に、重さで潰さないように踏んでください。

身体表現にみる中・下丹田の違い

ところで、私の専門である「アートマイム」（JIDAI のアートマイムとしては「オーガニックマイム」の名で行っています）はポーランド人が創り出したマイム（パントマイム）なんですね。けれど、世間一般（世界的に見ても）でいうパントマイム、マイムはフランス人が創り出したもので、ポーランドアートマイムは下丹田で、フランスマイムは中丹田という違いがあります（「フランスマイム」という言い方はありませんが、ここでは便宜的に使っています。「ポーランドアートマイム」という言い方も同じです）。

また、日本舞踊とバレエを見た場合でも下丹田と中丹田の違いがあるわけですが、中丹田のバレエの場合の軽さは本当に軽い感じですが、下丹田の日本舞踊で軽さを出す場合には、重さの中の軽さが大事になります。この「重さの中の軽さ」とは説明が難しいのですが、武術的な見方をしますと、膝を抜く（私の言い方では股関節を抜く）あるいは、膝が抜けていることがポイントになります。

ですから、例えば、膝を（交互に）上げるという振付があった場合、バレエではもう一方の膝は腰とともに伸び上がるようになり、日本舞踊では膝が曲がり腰を落としていくようになる。もちろん、振付なのでこの限りではありませんが、自然な動きの傾向としてこういった違いがあるんです。

エネルギーの流れと椅子との相性

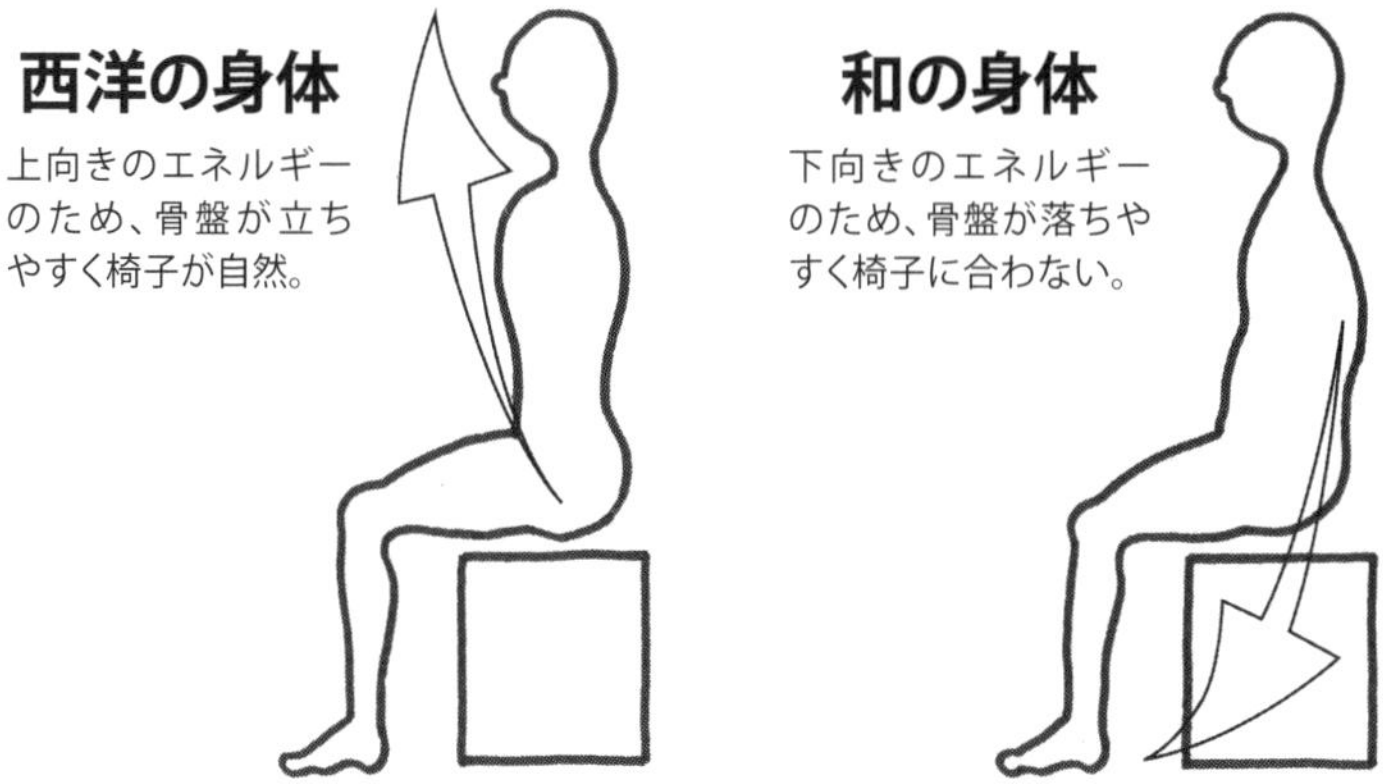
西洋の身体
上向きのエネルギーのため、骨盤が立ちやすく椅子が自然。
和の身体
下向きのエネルギーのため、骨盤が落ちやすく椅子に合わない。

上か下か？　アゴの向きと活力

さて、踏む力が弱い、踏めないというのは、地に足がついていない浮き足立った状態、あるいは活力の失われた状態ともいえます。踏む力がしっかり出せるというのは、活力・元気があるということになります。

英語で「チンアップ（アゴを上げろ）」といいますと、〝元気を出せ〟という意味になり、日本語では「アゴが上がる」というのは〝弱くなった状態〟を指しますよね。逆に日本ではアゴを引くことを重視します（アゴを引くことの扱いは簡単ではないので、ここでは深入りしませんが、バレエと能・日本舞踊を比べますと、バレエではアゴが上がっているように感じませんか？　実際には上げないのですが、能・日本舞踊のアゴは文字通り引かれている感じで、印象は随分違うと思います)。

これも、踏む力が中丹田に上がってくる西洋の身体では、胸が持ち上がってきますからアゴもどことなく上がるように見えるんですね。ですから､アゴを上げろというのは、しっかり地面を踏め、そうして元気を出せということになります。一方、和の身体では踏む力は下丹田が生み出しますから、胸はどちらかといえば下腹に引き込まれ、アゴは引かれる感じになります。アゴを上げてしまいますと、下腹の力が抜けやすいのです。

日本人が椅子に座りますと、つい背もたれに背中をあずけたり、背中が丸まってかっこ悪くなるのは、このようなエネルギーの流れる方向によるもので、すぐしゃがみたがるのも、だらしないとか疲れやすいということとは別に、やはりエネルギーの流れ方がそうさせるところはあると考えられます。西洋の身体では、立ち上がる方向にエネルギーが働くので、椅子が楽であり、しゃがむというのは大変な作業になるのです。

和と西洋が交互に機能する歩き方

最後に。現代人らしく膝を伸ばして歩く際などには、脚のエネルギーラインが和と西洋

和の接地と西洋の蹴り出し

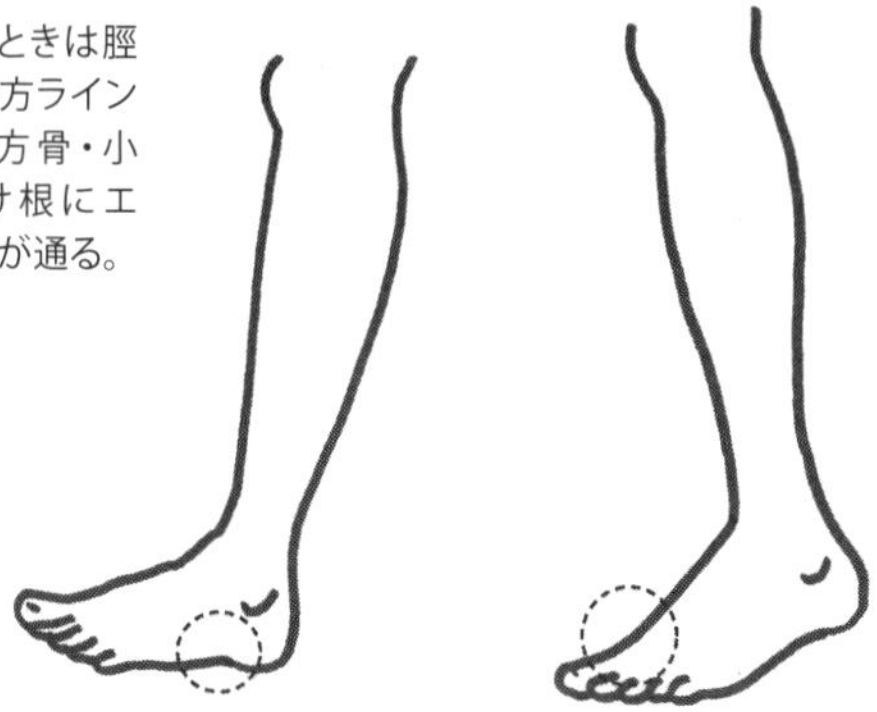
接地するときは脛骨外側後方ラインから、立方骨・小指の付け根にエネルギーが通る。
蹴り出すときは脛骨内側前方ラインを通るようにすると、舟状骨・楔状骨・親指・人差し指に抜けていく。

〈足のあおり運動〉

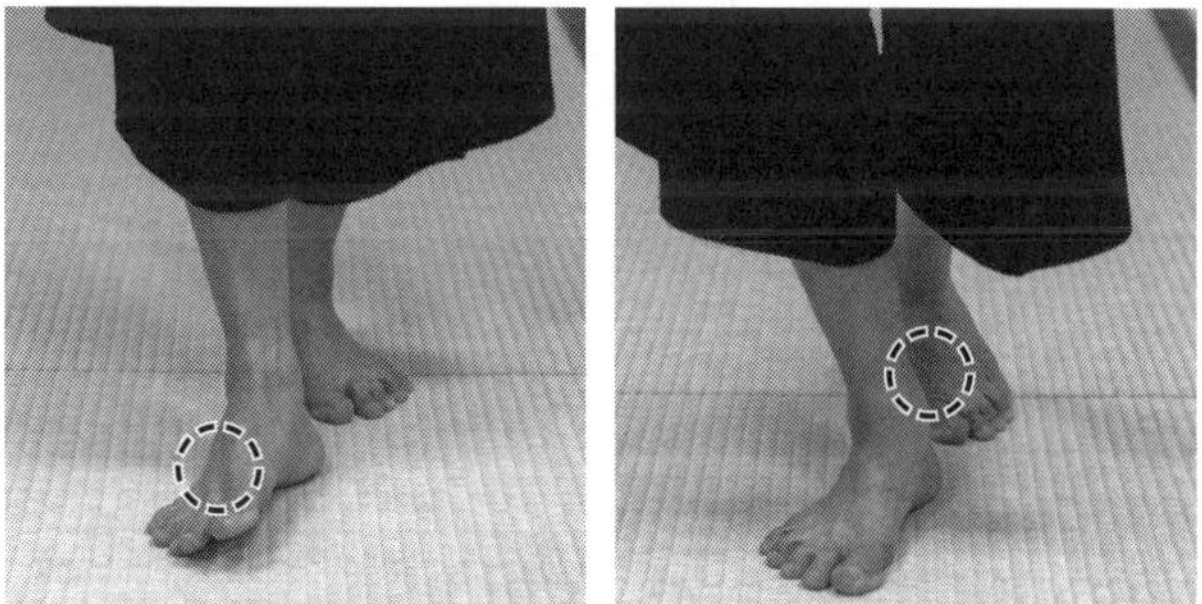

①右足は和で柔らかく着地され、②西洋で離地する左足は、地面からの最大の反力を得て身体を進めることができる。

とが交互に機能すると良いのです。和で着地し西洋で離地（蹴り出す）できますと、膝への衝撃が最小限に抑えられ、かつ最大限の力で地面を押して身体を進めることができます。といいますのは、和の膝の動きは曲がる方向にありますから、自然と着地が柔らかくなります。サスペンション機能が働くわけです。一方、西洋の膝の動きは伸びる方向ですから、固くなり地面からの反力をしっかりもらうことができます。足裏の荷重位置の移動も、一般的に理想といわれている踵外側から土踏まずの周囲を通って親指・人差し指に抜けていく形に自然となります。足の「あおり運動」が自然に起きるということです。

前章と本章では和と西洋その違いを見てきましたが、大事なことはどちらかに分かれているということではなく、どういった傾向が強いかということです。ですから、前章の腕でもお話ししましたように、その全てを使えるに越したことはないのです。

これを機に、踏むということを味わってみてください。■

第5章

肘・膝が、末端と体幹をつなげる

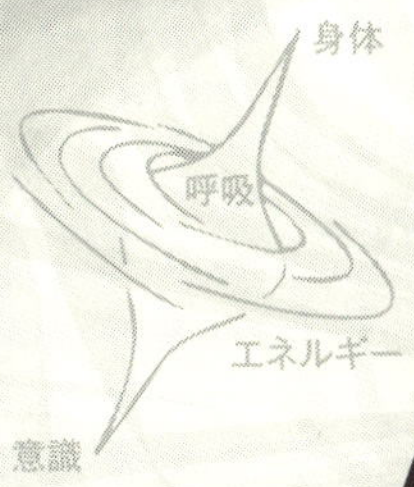

作品『アンドロイド』より

体幹の骨の位置調整力

体幹が大事だといわれて久しいですが、体幹が筋力的に強くなればいいというものではありません。体幹の役割をわからないままでの強さでは、意味のある強さにはなりません。そもそも、普段私たちは体幹を使っているという感覚はなく、だからこそ以前は腕や脚の筋力アップが当たり前だったんですね。

腕や脚の筋力を高めて結果が出る人は今も昔もいますし、ダメになってしまう人もいるでしょう。同様に、体幹を鍛えて（固める筋力を高めて）結果が出る人もいるでしょうけれど、ダメになってしまう人もいると思います。それは、体幹であろうと腕・脚であろうと結局のところ、筋力に目が向いていることに変わりがないからです。腕や脚といった部分的な筋力アップを、体幹という別の部分に置き換えただけなんですね。重要なことは「いかに全体がつながり、エネルギーを通して動けるか？」です。

体幹が重要な理由には、〝バランスのコントロールとエネルギーの通りのため〟ということが挙げられます。体幹の機能が弱い場合、思うようにバランスをコントロールできず、力が思うほどに出せなかったり、呼吸が浅くなったりします。

ではバランスやエネルギーの通りにとって何が重要かといいますと、

①頭蓋骨から尾骨まで（背骨全体）の椎骨のつながり方
②開く・閉じるという動きと、それに伴う上がる・下がるの動き

になります。

①は第2章でお話しした環椎後頭関節（頭蓋骨と第一頚椎の間）のすきまを潰さないことや、各脊椎間の椎間板に偏った負荷が生じないようすきまを広げることが、まず重要になります。また、脊椎もそれぞれ少しずつ形が異なり、背骨全体で見たときに、曲がりやすい・曲がりづらいところ、ひねりやすい・ひねりづらいところがありますから、構造に沿うようにすることが大事です（腰椎、胸椎は回旋しづらく、胸椎12、11番のところで回旋……など）。

②の開閉や上下の動きは、肩甲骨と骨盤の動きと背骨の波運動によって生じます。これは第3、4章の「和と洋の違い」にも通じています。〝開きながら下から上への動き〟をするのが西洋。〝閉じながら上から下への動き〟をするのが和になります。必ずというわけではないですが、音楽に合わせてリズムをとるときに、はっきり見て取れますね。

また、開閉の動きは、左右の肩甲骨、左右の骨盤（寛骨）による時間差などの動きによっ

体幹と、肩甲骨と骨盤の開閉・上下

❶

〈開く・上がる〉

野球のピッチング動作における体幹の働きを見てみると、①②骨盤→胸郭の開きが上方エネルギーを生じさせ、③④続く、胸郭と骨盤を閉じることで生まれる下方エネルギーによって、背骨の波・螺旋運動が生じ、うねり・ねじれとなり手先の加速エネルギーを増していく。

❷

❸

〈閉じる・下がる〉

❹

て、うねり・ねじれが生じるのですが、これは時間差のない動きとともに極めて重要な動作になります。

いずれにしましても、大事なことは体幹の筋肉を強くすることではなく、体幹を構成する骨の位置関係の調整能力なんですね。骨に望ましい位置にいてもらおうとしますと、自然に筋肉が働きます。筋肉を働かせたからといって、骨が望ましい位置に行くわけではありません。カバンを肘を曲げて手に持っているとき、わざわざ力こぶ筋肉（上腕二頭筋）に力を入れませんよね？ やることは、肘を曲げる角度の調整ですね。試しに上腕二頭筋の収縮を意識しながら肘を曲げてみると、あまりの可笑しさに笑ってしまうかもしれません。筋を鍛えることと、骨の位置調整力を高めることとは別のことなんです。

もちろん、負荷の大きさによって必要な筋力は変わってきますので、筋力が不必要ということではないのですが、あくまで骨の位置調整能力としての筋力である必要があるということです。

これは第1章でお話しした「溜められる水」と「川」の関係でもあります。まず何より大事なことは川としての流れであり、そこにどれだけの大量の水を流せるかはその後の問題で、どれだけ大量の水であっても、川が細ければ途中で溢れ、川下には川の細さの分しか届きません。

体幹で反力を受け出力を末端に伝える

ところで、体幹から動くことが大事だと聞くことは多いと思います。例えば押すという力ですが、ここで「小さく前ならえ」のその腕を相手に押さえられた状態から、相手を押すとします。

このとき全身の力を使おうと体幹から押すようにしますと、体重を相手に預けるような感じになってしまいます。その状態で腕に力を伝えようと、腕と体幹のつなぎ目である肩で押そうともしてしまうんですね。別の見方をしますと、体重を預けるように胸が突き出てしまい、その分だけ肩が後ろに残ってしまう。そのために肩を前方に出そうとする。そんなことが起きているわけです。骨の位置関係を自ら崩し、それを補おうとして、不必要な筋力を使っているわけですね。

この状態に対して第2章でお話しした、力み部分にすきまを作ることでも対応できますが、「押さえられていることを気にせずに何かを取りに行く」つもりで腕を伸ばしますと、案外スッと押せたりするんですね。全身で押すというよりも腕を伸ばすだけ、体幹から動かないほうがよかったりするわけです。ちょっと不思議な感じです。

ただし、この方法の場合、やりたいこと（相手を押す）と、そのために意識すること

「小さく前ならえ」から相手を押す

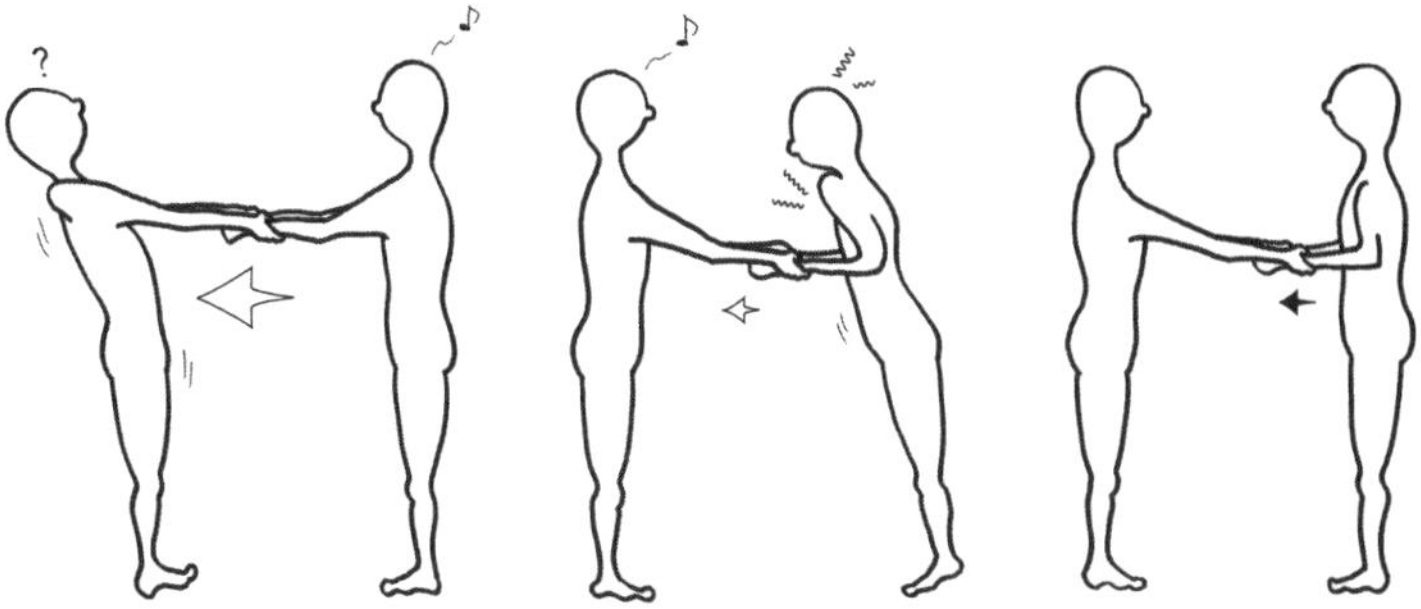

肘からパワーで押すと、全身（中心）の力が伝わる

体幹から（全身で）押そうとすると、意外と力が伝わらない

前へならえ状態から押す

（何かを取りに行こうとする）に大きなギャップがありますから、頭の中でその変換という手間がかかってしまいます。実践的ではありませんね。もちろん、繰り返し何度も行うことで馴れるという手はあるかと思います。しかしながら、気をつけませんと単にその動きが上手にできるようになるだけに終わってしまいます。

そうでなくても、もっと強い力で押す必要があるとき、速いスピードを出したいとき、このようなギャップを抱えたままでは難しいです。やはり、つい全身、肩を使ってしまいます。

なんだか、どうにもならない感じです。どうしたらよいのでしょうか？

肘からパワー・膝下からパワー

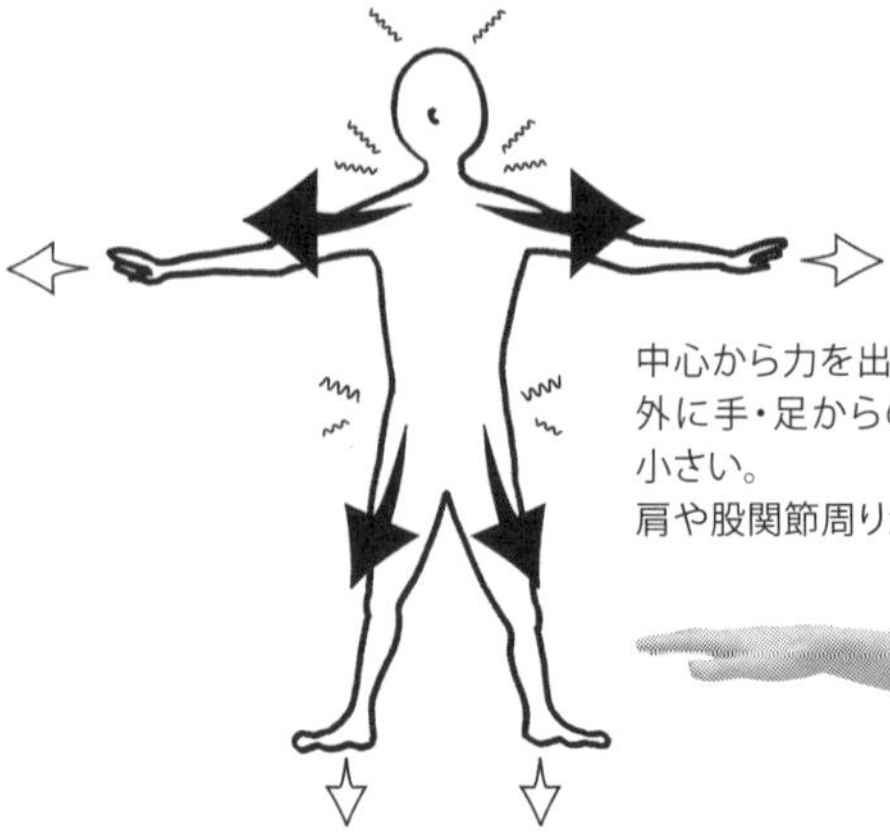

中心から力を出そうとすると、意外に手・足からのエネルギーは小さい。
肩や股関節周りが力みやすい。

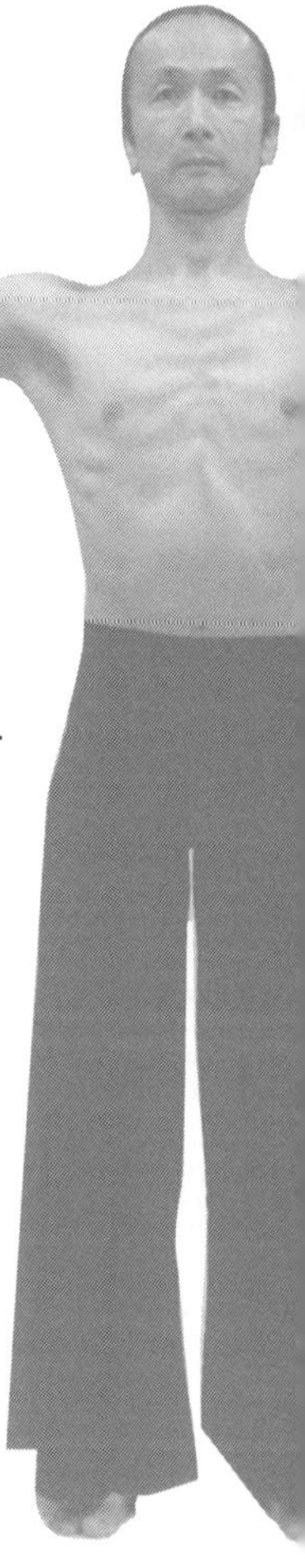

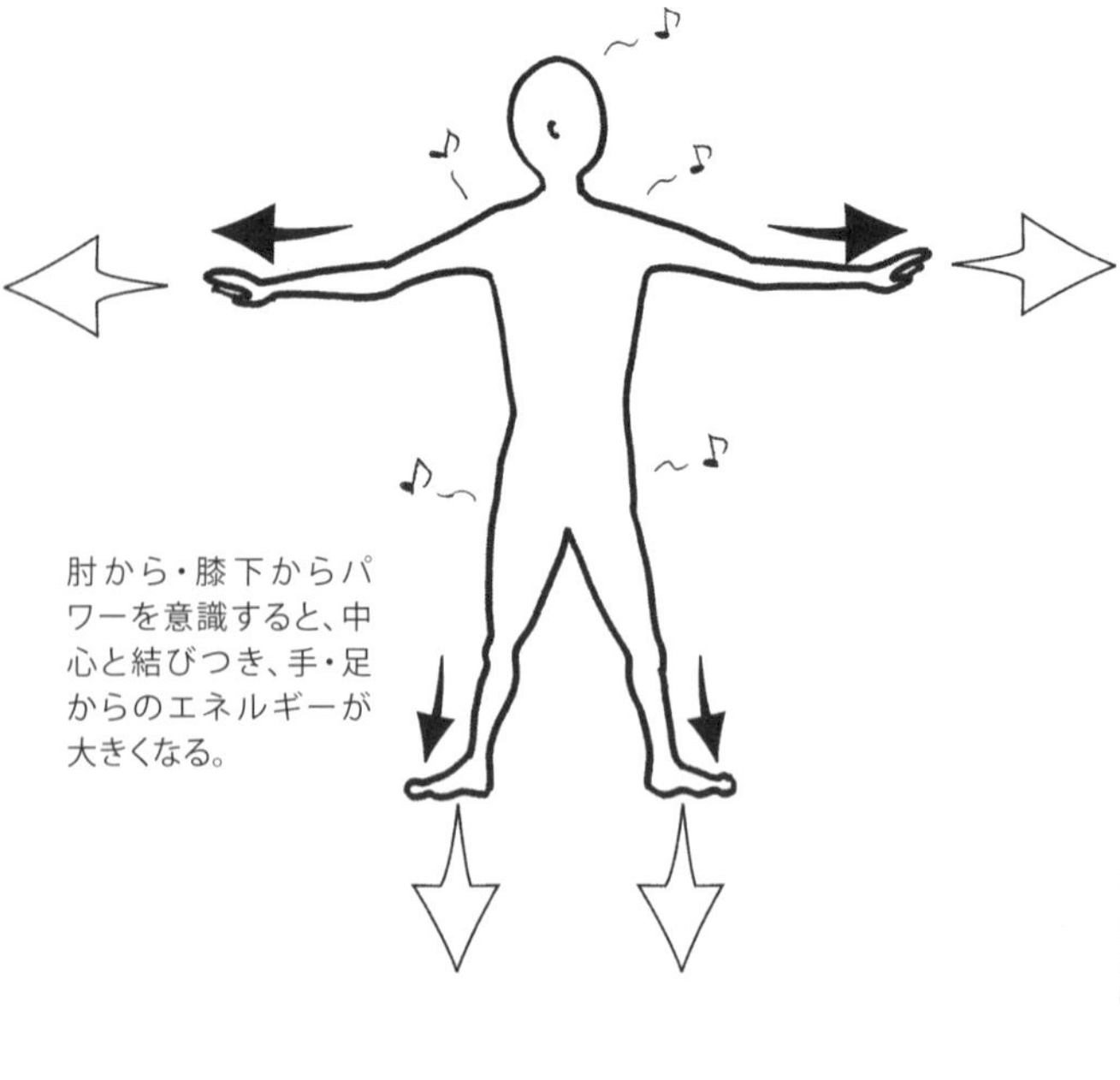

肘から・膝下からパワーを意識すると、中心と結びつき、手・足からのエネルギーが大きくなる。

結論からお話ししますと、「肘・膝が末端と体幹をつなげる」ということになります。多くの動作におきまして、末端は一番力を伝えたい、最終的に一番力を発揮してほしい箇所ですよね（先ほどの例では、押さえられている手）。それは、逆から見ますと、末端は反力（先ほどの例では、相手が押さえてくる力）を受ける入り口、一番最初に重さを受ける箇所ということ。

けれど末端は筋力が弱く、筋力が強いのは体幹。ですから、反力を受ける入り口は末端でありながら、反力を受けるその最終地点は体幹とするのが自然なわけです（実際には対極の末端を使うことが望まれますが、体幹を通ることが重要です）。

それは、末端に伝えるべき力は、この受けの最終地点である体幹（対極の末端）から出ている必要があるということでもあります。つまり、末端で受けた反力を体幹（対極の末端）で受けること、その受けの最終地点から末端へと力を伝えること、この二つのことが、同時に成り立つようにすることが重要なのです。一般的にどうしても力を発すること（発信力）ばかりに意識が向いてしまい、力を受けること（受信力）がおざなりになりがちです。そこでキーポイントになるのが、肘であり膝になります。

肘からパワーを通す

では、もう一度「小さく前ならえ」から「何かを取りに行こうとする」ように押してみてください。そのとき肘に何が起きているかを感じ取るようにしてみてください。肘で押し込んでいる感じがあると思います。同時に、上腕や肩といったところはほぼ意識が行っていない、力を働かせていないと思います。いかがでしょうか？

ここで、もう一つ実験をしてみましょう（左掲写真参照）。

このように、全身で壁を押そうと思いますと、その思いとはうらはらに力が逃げてしまうんですね。逆に一見手先だけのように思える動きのほうが、力感もなく強い力を出せます。そしてむしろ、この肘から力を発揮させようとしているときのほうが、体幹はしっかり働いているんです。体幹の骨の望ましい位置関係が自動操縦的に生み出されるということですね。これを「肘からパワーを通す」とします。

再び「小さく前ならえ」ですが、その腕を今度は上から押さえられ、押し上げることを見てみましょう。ついやってしまうのが、腕全体を持ち上げるようにしてしまうことです。このときの肘の動きに注目しますと上に向かっています。けれど、力を発揮したい箇所は手先ですよね？　手先を上へと移動させればいいんです。肘を上へと動かしますと、肘と

壁を押す

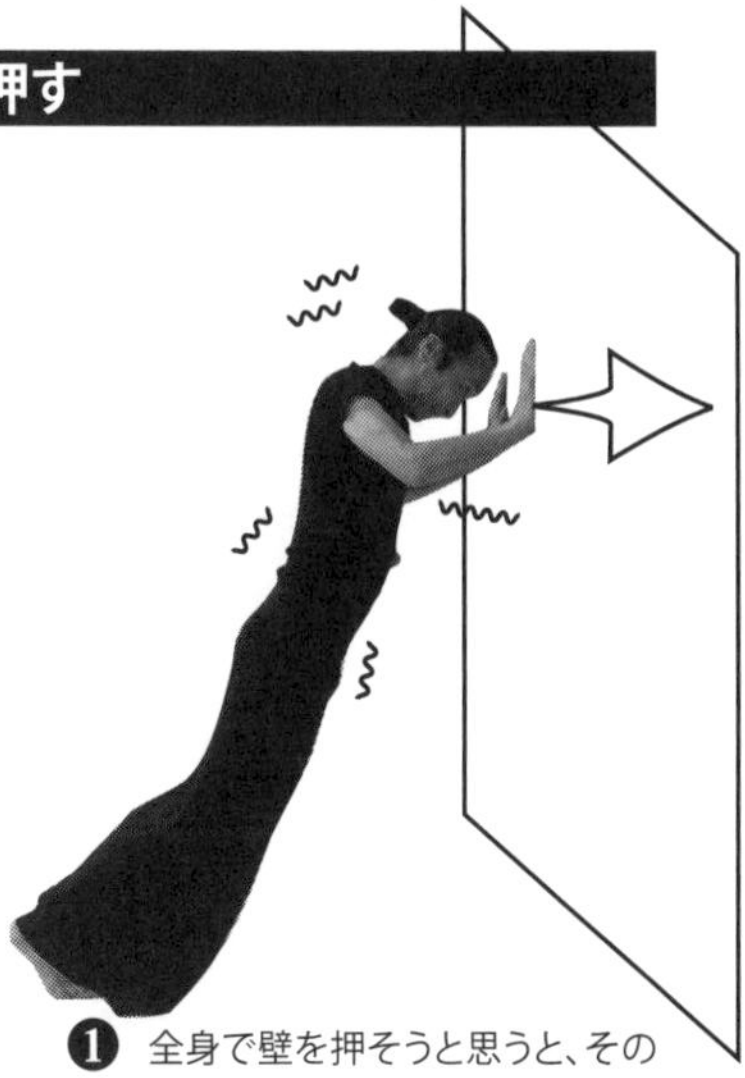

❶ 全身で壁を押そうと思うと、その思いとはうらはらに、力が逃げてしまう。力感ばかり強まる

❷ 一見手先だけのように思える動きのほうが、肘から力が発揮され、体幹がしっかり働き、力感もなく強い力を出せる。

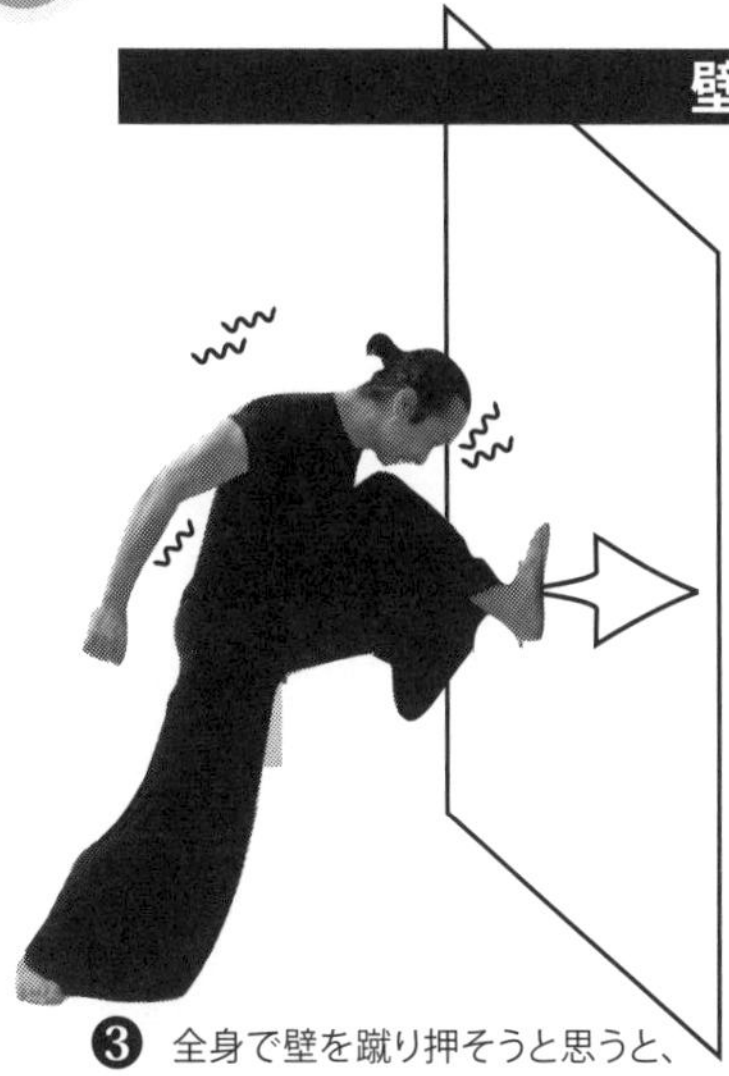

❸ 全身で壁を蹴り押そうと思うと、肩や股関節周りが力みやすく、足からのエネルギーは小さい。

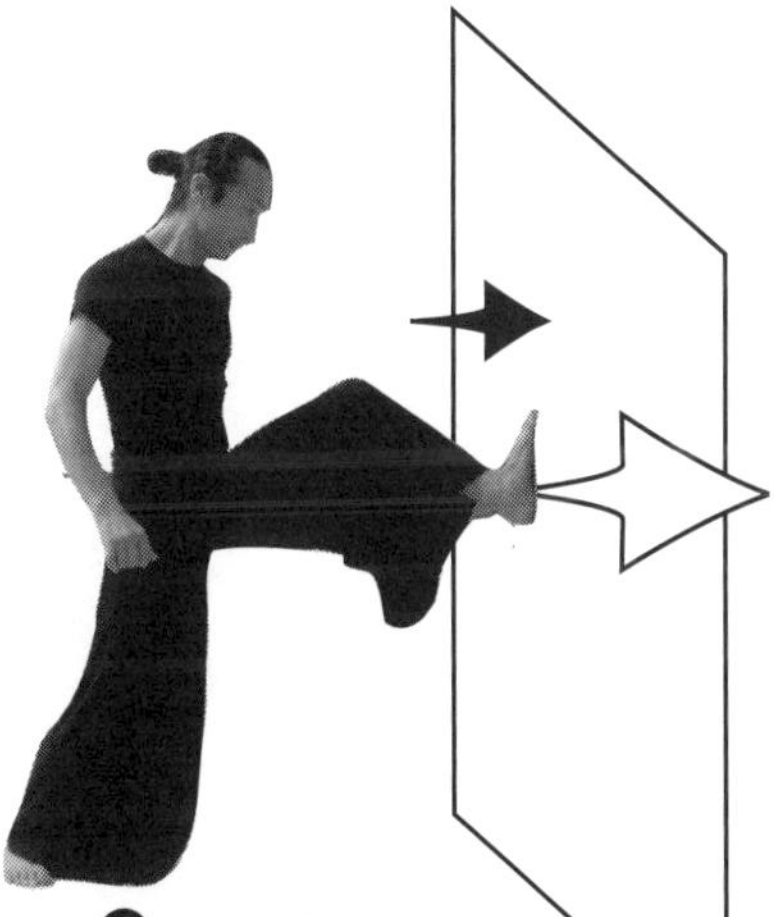

❹ 一見足先だけのように思える動きだが、膝下から力が発揮され、体幹がしっかり働き、力感もなく強い力を出せる。

「小さく前ならえ」から相手を押し上げる

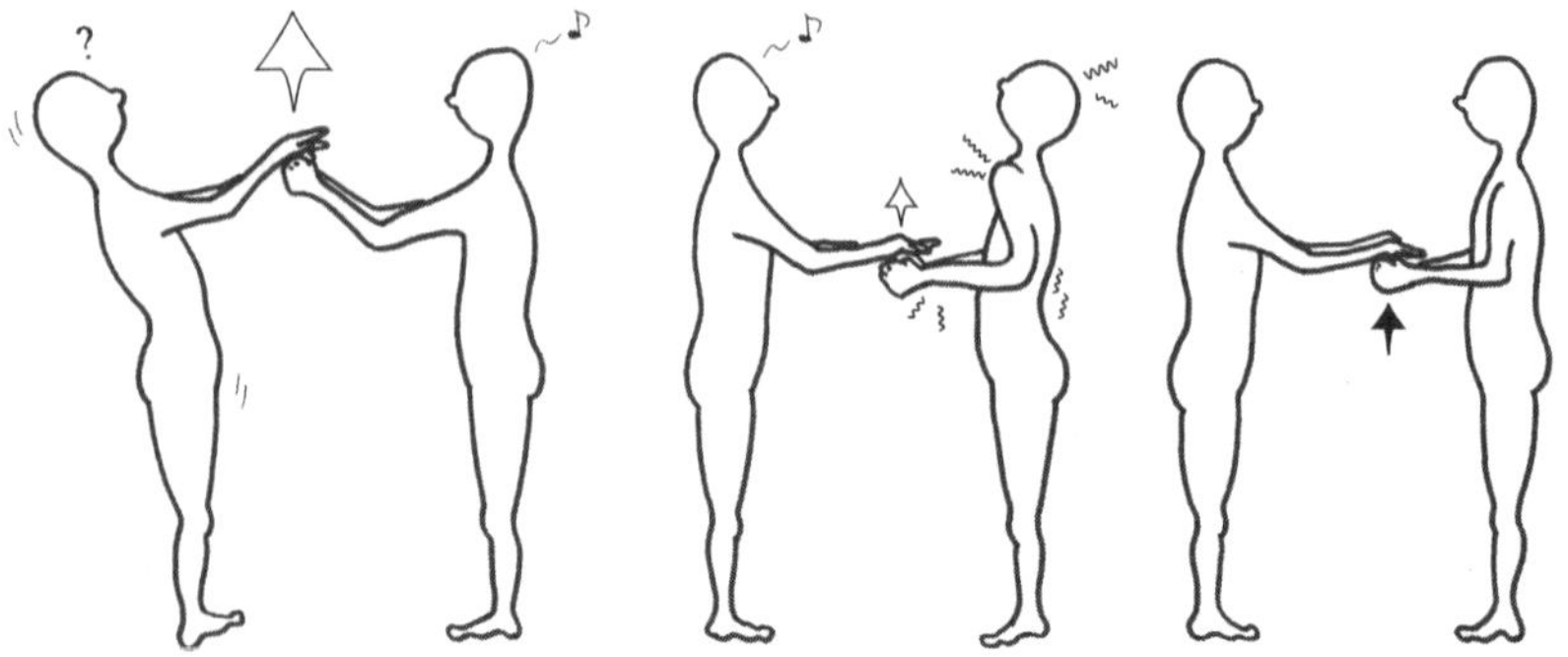

肘・肩甲骨を拳の真下に持ってくるようにすることで、全身の力が伝えられる。

つい腕全体で上げようとして、肝心なところには力が伝えられない。腕力頼みになってしまう。

前へならえ状態（手は握って）から押し上げる。

肘の動きとエネルギーの通り

〈押し上げる動き〉

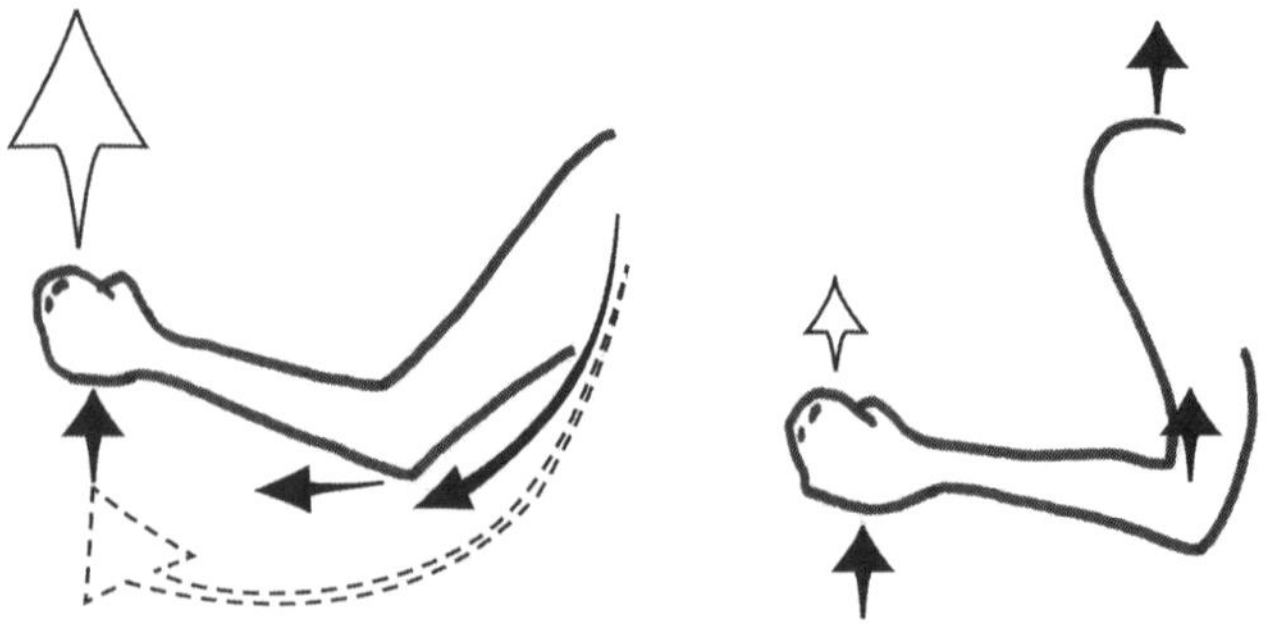

（右）拳・肘・肩がそれぞれが上方向に向かうことで、パワーが分散してしまう。肘を支点とするヒンジ運動になり、上腕二頭筋を主体として、僧帽筋で肩を上げる形になってしまう。（左）ヒンジ運動にならず、足元から立ち上がる力が使える。

手先はそれぞれが個別に上へと行こうとするだけで、全く協力体制にはありません。どちらかといいますと、手先が押さえられて動きづらい分、肘で手先を引っ張り上げるようになっているんですね。ですから、もっと上げようとして肩まで上がるわけです。必要なことは手先を上方向に動かすために、下から肘で押し上げてサポートすることです。これが「肘から（手先へ）パワーを通す」ということです。

手先、肘、肩甲骨を力のベクトル線上に集める！

ところで言葉に注意が必要です。「肘で」ではありません。「肘でパワーを生む」という言葉（考え）の場合、エネルギーの流れる方向に関係なく、ポイントで力を生み出そうとしてしまい筋力頼りになってしまいます。「肘から通す」という言葉（考え）の場合、肘から手先へのエネルギーの流れを生むために、自然と骨のラインに沿った動きをすることになります。言葉は大事です。もし、それでも力んでしまうようでしたら、「肘から重みが流れる」としてみてください。

下から押し上げるとき、作用点である手先を真上に向かわせたいわけですから、肘はその真下に来るのが理想となります。真下から遠く離れれば離れるほど、てこの原理で押し上げる力が弱くなります。

押し下げる動きを考えたほうがわかりやすいかもしれません。手の平の真上に肘が来たほうが押しやすい。真上から離れて肘を伸ばしたような状態では押しづらいということですね。力の作用点から力を働かせたい方向、そのベクトル線上（反対に伸ばした線上）に肘が近ければ近いほど大きな力を伝えられるわけです。引っ張ったり、引き込んだりしたい場合は、そのベクトルの線に沿うように肘で引っ張るようにするといいということになります。

こうして肘からパワーを生むように動きますと、肩甲骨も自然と追随した動きをするのですが、理論的には加えたい力のベクトル線上に手先（作用点）と、肘そして肩甲骨（場合によっては骨盤もですが、ここでは深入りしません）が集まってくればくるほど、力が強くなる・楽になるということです。ただし、注意が必要です。背骨はその動きで崩されないようにする必要があります。原則として、踏む力（重力）をきちんと利用する必要があるということです。

〈押し下げる動き〉

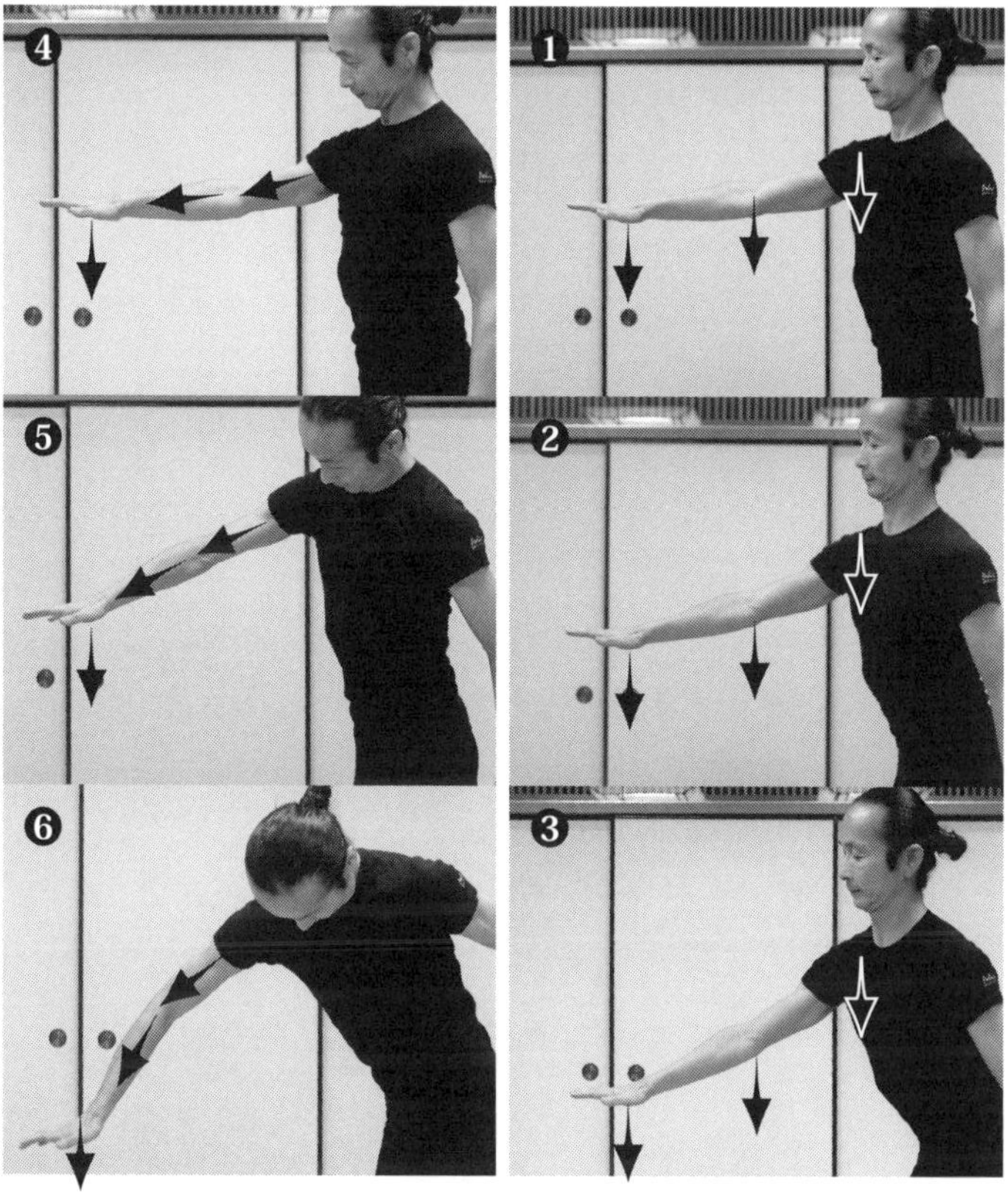

肘を伸ばした位置で押し込む力を出す場合、①〜③では、手先、肘、肩甲骨がそれぞれ個別に下向きの力を発してしまい、手先の押し込む力は弱く、力みが生じやすい。④〜⑥では、肘、肩甲骨が手先の下向きの力に加勢する動きになり、体の重さを乗せていくことができる。

膝下からパワーを通す

足先への力ですが、これも「肘からパワー」と同様、「膝下からパワーを生む」ことがポイントです。前章で、エネルギーが和の身体では下へ、西洋の身体では上へというお話をし、その際に「踏める」ことが前提とお伝えしました。

多くの方が強く踏もうとしますと、つい膝より上、股関節周りに力を込めてしまいます。腕の場合に肩周りに力を込めてしまうのに似ていますね。これは力感を覚えるだけで、肩甲骨や骨盤の動きを抑えてしまうために、骨に動きが生じずエネルギーが詰まってしまいます。力を発揮するといいますのは、筋肉を収縮させることではなく、骨を適切な方向に動かす・動かし続けることです。

「肘からパワー」「膝下からパワー」をしますと、自然と肩・上腕周り、股関節・太もも周りの力は抜けるのですが、より抜くことで末端で受けた力・重さが肩甲骨あるいは骨盤を通りますと、体幹（特にお腹）と末端がダイレクトにつながってくれます。中間の腕や脚がなくなったような感覚です。また同時にこのことが体幹の開閉・上下運動を生み出す、活かす力にもなります。

これを機に、末端と体幹をつなげることでの体幹の骨の位置調整力を味わっていただければと思います。■

第6章

パワーとは、相反する力を同時に成立させる張力

作品『無虚苦 mukyoku』より
撮影：Michael Steinebach

押し合いつつ引っ張り合う

前章の体幹のお話で、単純な筋力の強さではなく、〝体幹を構成する骨の位置調整力〟に目を向ける必要があることをお伝えしましたが、負荷に対応するため、大きなパワーの発揮にはもちろん相応の筋力が必要です。けれど、筋力を高めればパワーが大きくなるわけではありません。パワーを筋力で考えるのではなく「張力」で考えることをオススメしたいと思います。

張力を働かせることで、力みや脱力といった問題から解放されやすくなります。それはケガや故障を遠ざけることにもなりますし、身体への負担、心への負担も減るということでもあります。

さて、筋肉は骨の動きの邪魔をしないようにすることが重要です。解剖学的には筋肉が骨を動かすことで、身体が動くことになっていますが、その考え方から離れたほうがいいと考えています。「骨の動きに対して、筋肉が邪魔をしないようにする」という考え方をオススメしたいと思います。

○○筋が弱いから鍛えましょうであるとか、○○筋を意識して働かせましょうという考え方ですと、筋肉を収縮させることへの意識が高まってしまいます。筋肉は意図的に収縮させたのでは思ったほど力を発揮してくれません。

実験をしてみましょう。次頁写真のように指を伸ばした状態で指の腹同士をできるだけ強く押しつけ合ってください。離されないようにしっかりと。それを別の人が離そうとします。離れるかどうかは問題ではありませんので、そのことは気にせず、自分がどれくらい力が出ているかに目を向けてください。

次に、同じことをするのですが、押し合う強さは同じまま引っ張り合おうとするのです。自分自身で離そうとする感じですね。けれど、押しつけ合う強さは強いままです。なんだかよくわからないかもしれませんが、やはり別の人に離してもらってください。いかがでしたか？　といいましても、今これを読んでいる最中ではできないでしょうから、後で試してみてください。

この〝押し合いつつ引っ張り合う〟という矛盾したことがうまくできますと、強くなっているはずです（うまくいかなくても何度か試してみてくださいね。肘を伸ばして手を遠く離したほうが違いがわかりやすいかもしれません）。不思議ですよね。そこで、押し合うだけのときと引っ張り合いもするときとで、自分の身体に何が起きているか、どこの筋肉が働いているかといったことを感じ取ってみてください。どうでしたでしょうか？

大雑把な言い方をしますと、押し合うだけのときには身体の前面だけを使い、引っ張り

張力（指先押す離す）

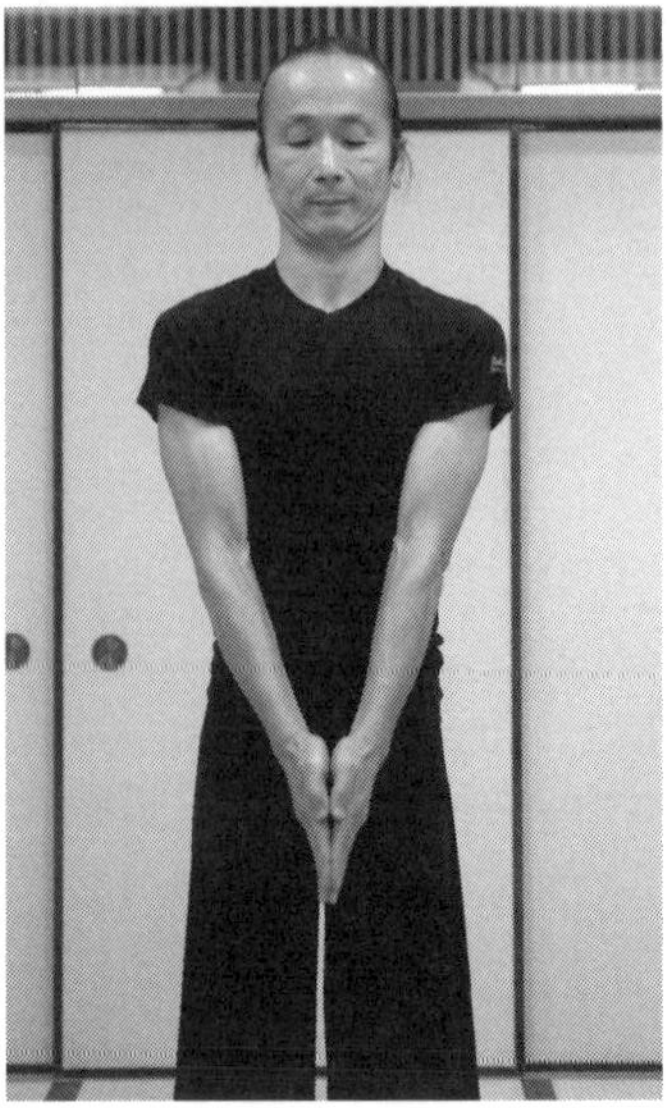

指先同士を押し付け合うと、部分的な力になる。力みである。

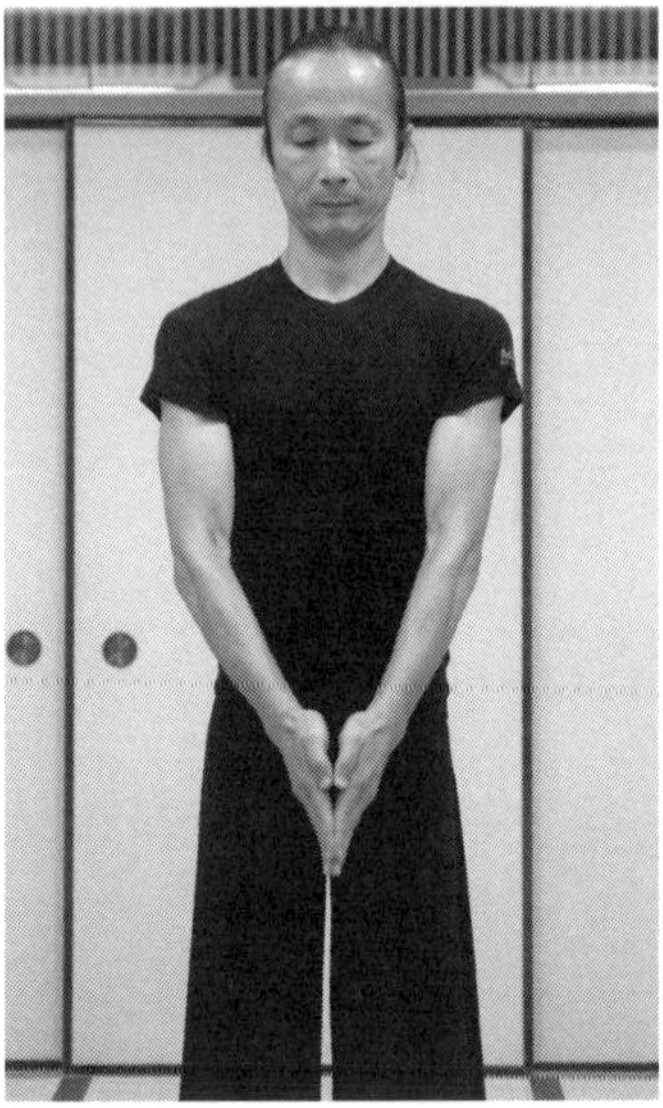

指先同士を押し付け合いながら、引き離そうとすると、背中やお腹などの力が使われ、力感が薄れる上、パワーアップする。

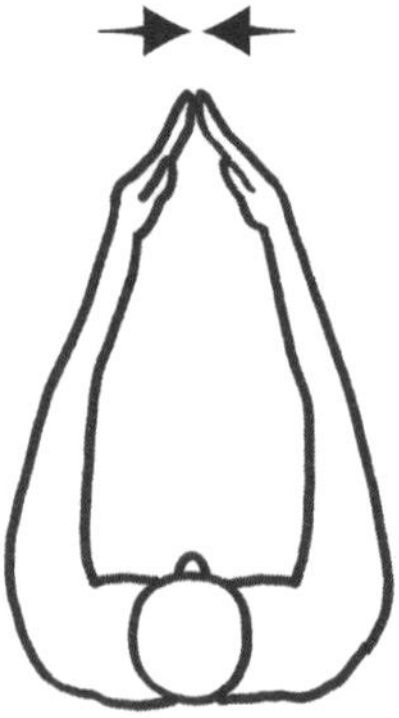

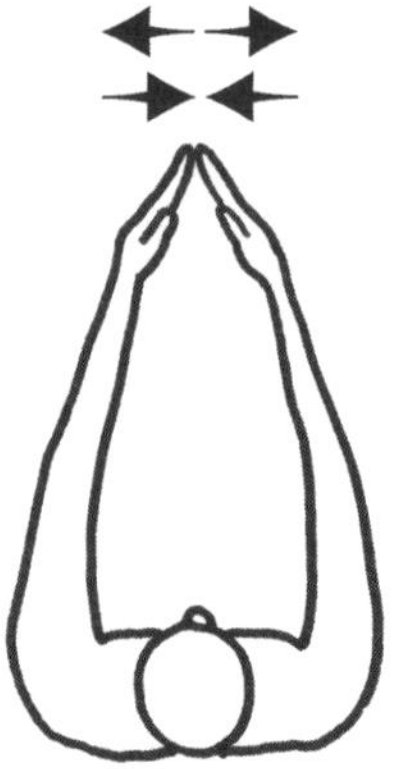

合いもするほうでは背中が働く。そんな感じだと思います。

もう少し詳細に見ますと、押し合うだけのときは、身体の前面はもちろんのこと全体が縮まる感じだったと思います。一方、引っ張り合いもした場合には、背中側が広がったのではないでしょうか？　さらに、それだけでなく前面も少し広がる感じがあったと思います。

筋肉の収縮感はどちらが強いかといえば、当然、押し合うだけのほうですよね。引っ張り合いもするほうでは、収縮感ではなく私の言葉でいいますと〝膨張感〟ですが、この膨張感のある身体の使い方が、〝張力を使えた〟ということになります。

このように張力といいますのは、相反する力を同時に成立させる力という言い方ができます（共縮という拮抗筋が同時に働いてしまうこととは異なります）。

筋肉の収縮感が強いほうが力を発揮できているように感じでしまうのですが、それは頑張り感であって現実的な力としては最大にはならないんですね。エネルギーが自分の中で閉じてしまっていて、物に伝わりきっていないということ。力みですね。

といって、力まないように脱力しようと考えてしまいますと、どうしたって押し合う力は弱まります。これは脱力も結局のところ筋肉の収縮具合に意識を向かわせているので、難しくなってしまうのです。そこで、張力という考え方、「膨張感は強くても大丈夫だ」

という考え方をしますと、めいっぱい力を出そうとしても問題が生じないだけでなく、より大きなパワーが生まれ、エネルギーを伝えることができるようになるということなのです。なんだか狐につままれた感じのお話かもしれません。

張力と身体のすきま、骨の位置関係の最適化

ここでもう一つ実験してみましょう(次頁図)。肘を伸ばして両腕を横に大きく広げます。それを別の人に上から押してもらい、下がらないように耐えます。まずは、普通に。次に横に大きく伸ばしている腕全体で空気を下に押し下げるようにしてみてください。もちろん、実際の腕の高さはそのままで。それを先ほどと同じように上から押してもらいます。いかがでしたか？

下に押し下げられないようにするにもかかわらず、自分自身で下に押しつけようとしているときのほうが、楽に耐えられますよね？　何度も言いますけれど、不思議ですよね(笑)。

この張力も、第1章でお話しした「身体のすきまにエネルギーが通る」ということでし

腕伸ばし耐え

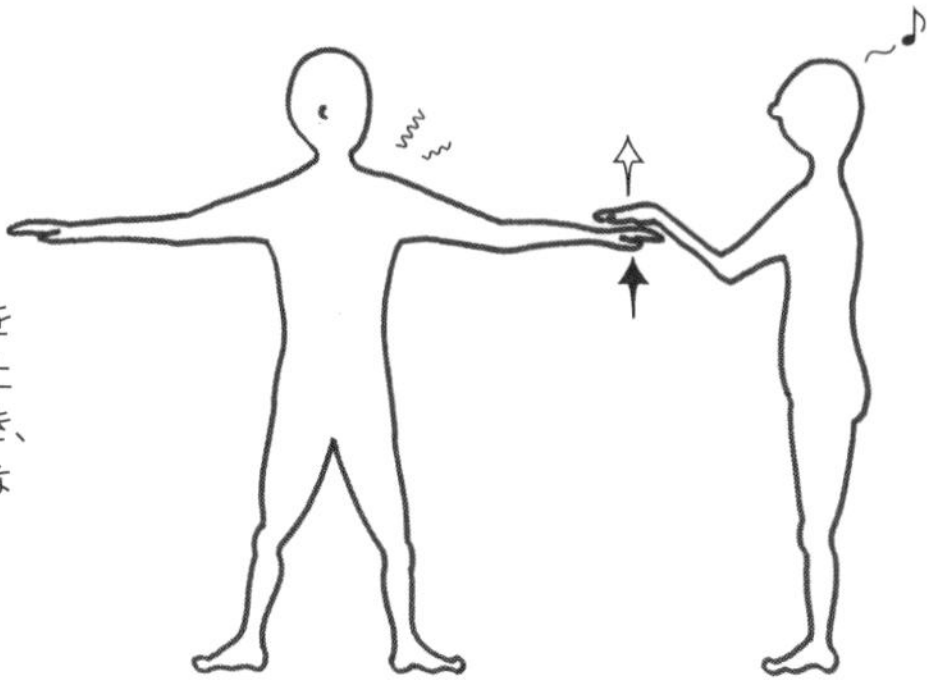

張力を使わずに腕を伸ばしている場合、上から押さえられたとき、肩への負担が大きくなり、耐えづらい。

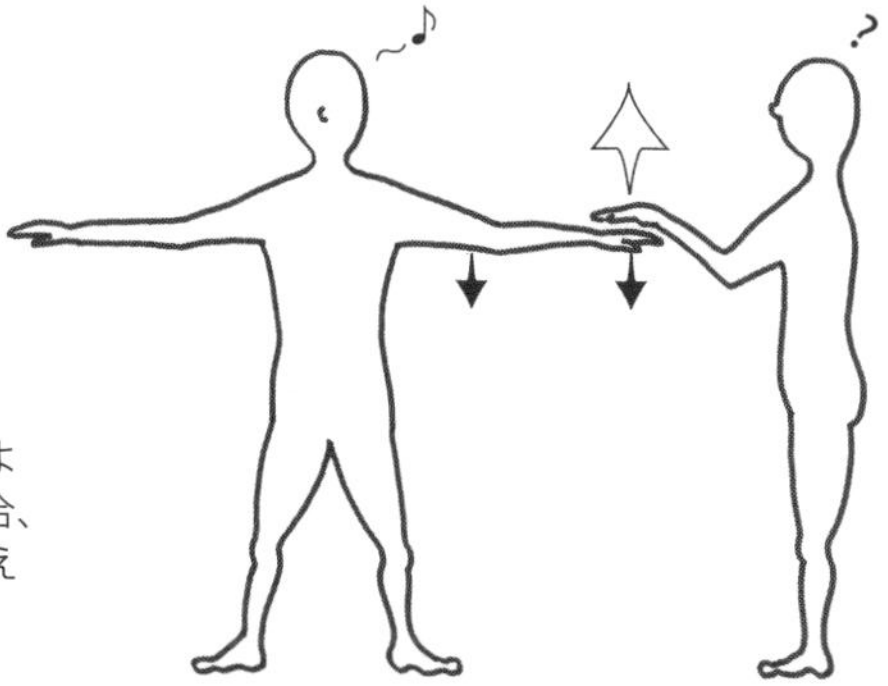

腕全体を押し下げるように腕を伸ばした場合、張力が働き、楽に耐えられる。

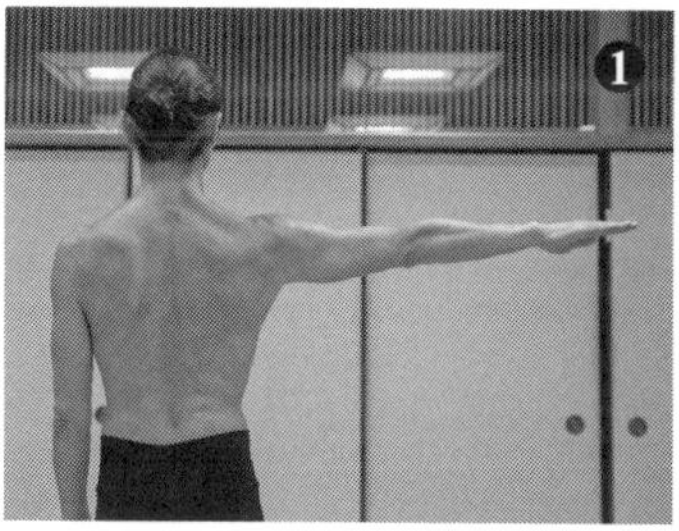

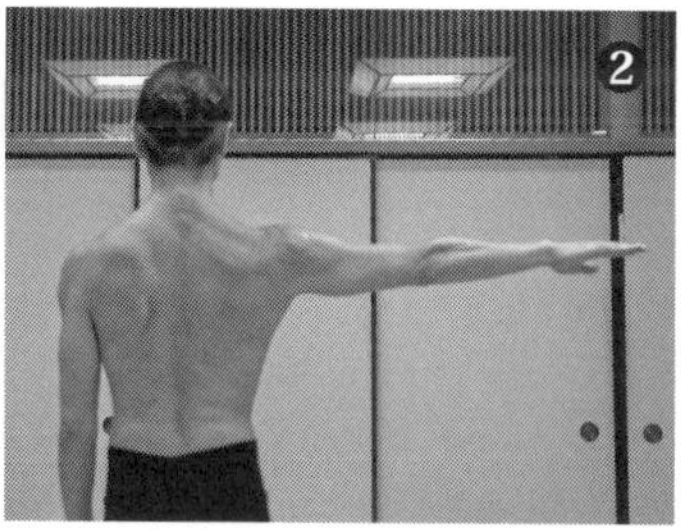

①手先を上げようとするとき、腕・肩の上面のすきまが潰れているために、エネルギーの通りが悪くなってしまっている。②張力を働かせると、潰れている箇所にすきまが作られ、そこにエネルギーが通るようになる。①②を見比べると、①は肩周りに目が行き、エネルギーも手先部分で終わっているが、②はただスッと伸びているため、どこかに目が留まることなく、手先がより遠方まで伸びているように感じられる。

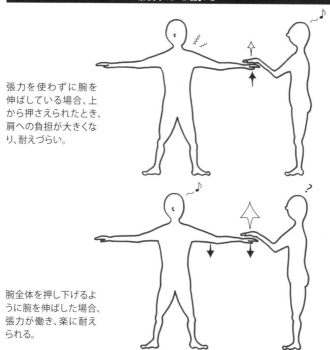

〈張力と肘からパワー〉

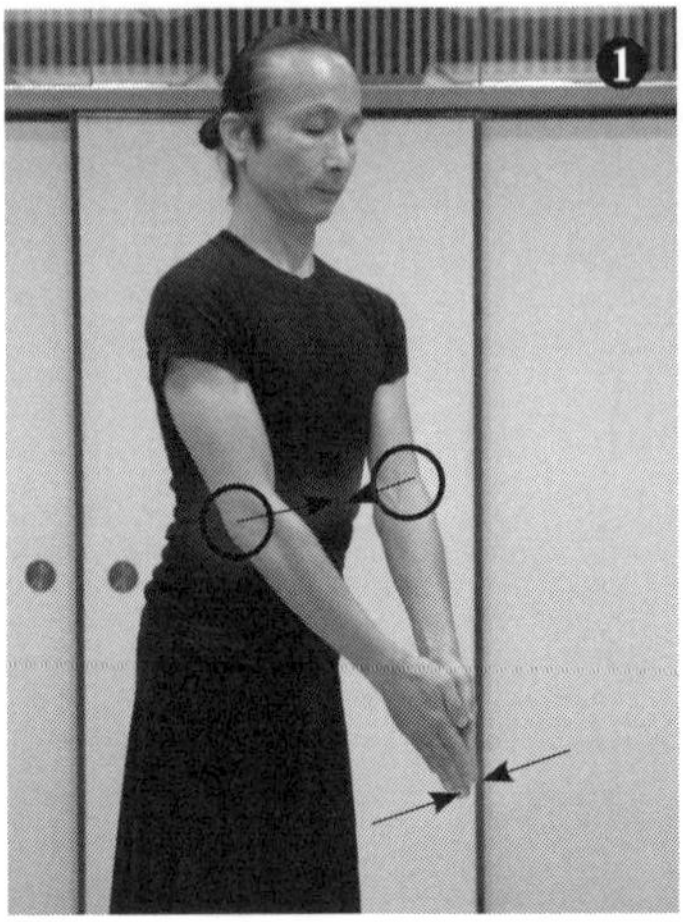

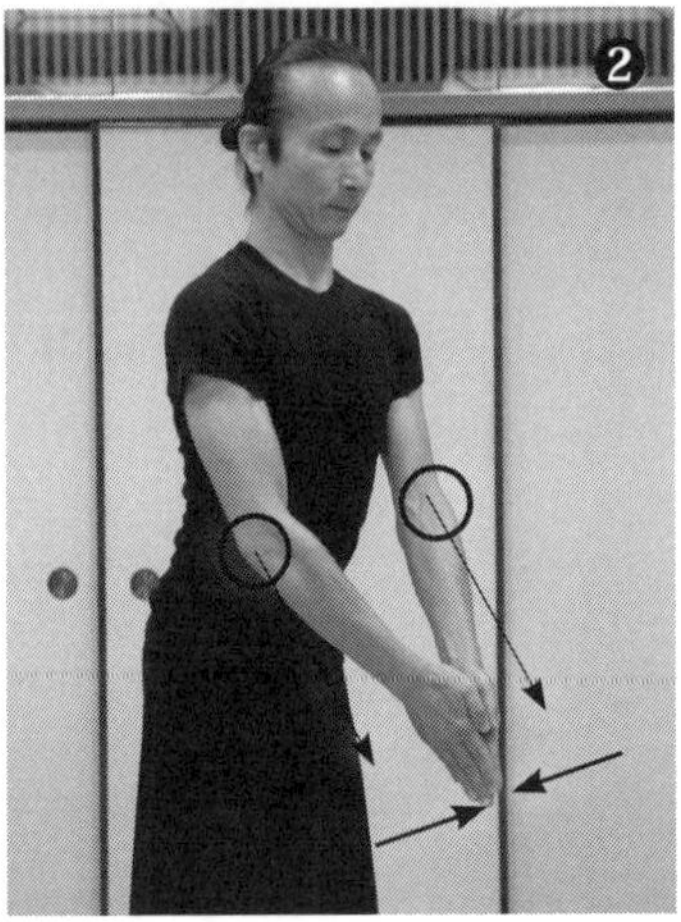

①押し合うだけのときに比べて、②引っ張り合いもする場合、肘を張るような形になる。これは前章の「肘からパワー」でも同じ形になる。どちらの意識でも、両手先を直交するベクトル線上に肘が近づくことで、①の場合の力みがなくなる上、手先を押し合う力は強固になる。

て、一方向にだけ力を働かせている場合、最初の実験では身体の前面、次の実験では腕・肩の上面のすきまが潰れているために、エネルギーの通りが悪くなってしまっているのですね。そこで潰れている箇所にすきまを作ろうということなのですが、相反する方向に力を働かせることが非常に有効になるわけです。試しに、二つの実験の動作で出そうとする力は同じままですきまを作るようにしてみてください。張力を働かせたときと同じような状態に近づくはずです。

また実は、前章の「肘からパワー」が自然に働いているのです。最初の実験のほうがわかりやすいのでそちらで説明をしますね。押し合うだけのときと引っ張り合いもするときとで、肘の位置が違っていることに気がつかれていましたでしょうか？押し合うだけのときに比べて、引っ張り合いもするときのほうが、若干肘を張るような感じになっているはずです。これは、力のベクトル線上に肘が近づこうとした結果なんです（左右の手先を押しつけ合いますから、力のベクトル線は両手先を直交、真横になり、その延長線上に肘があるほうが強い力を出せます）。

この肘の位置を最適化するために、引っ張り合うという意識を働かせることが有効なわけです。押すことだけに意識が働いている場合、肘はお互いに近づこうとしてしまい、そこで力が逃げてしまうのですが、引っ張るという意識が骨の位置関係を最適化、つまり肘を張るというむしろ逆方向に向かわせ、力が逃げることなく手先に集まるようになるのです。

伝統にみるエネルギーが通る形

日常で使える張力をご紹介します。カバンを持つ際に、次頁図のような手で持ってみてください。普通に持っているときと比べて、いくらか楽になると思います。これは単に人

カバンの持ち方

◎通常の持ち方

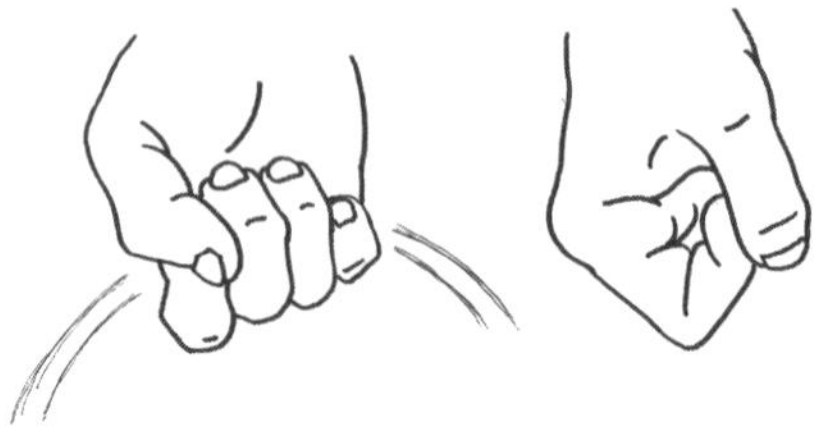

◎張力を使った持ち方

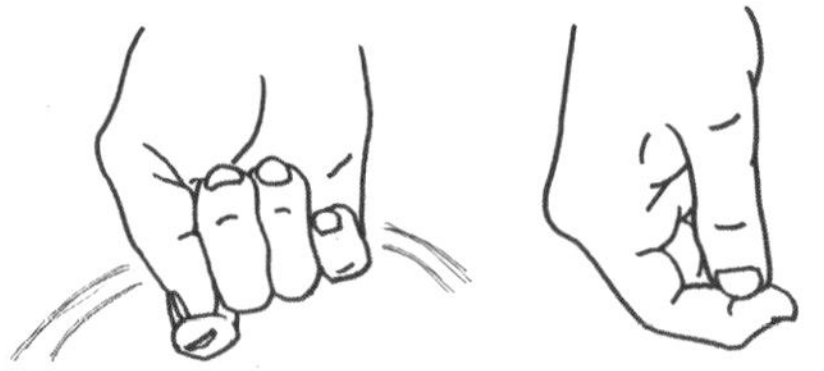

人差し指をカバンの持ち手から離し、その人差し指に親指を少し押しつけるように伸ばして持つようにする。
通常の持ち方では、人差し指も親指も握ってしまうことで、手・腕・体幹がバラバラになってしまうが、下図のような手の形にすると、橈骨と尺骨が互い違いの方向へ動き、手・腕・体幹がひとつながりになる。

能や日本舞踊の基本の構えにおける、押す（伸ばす）と引く（縮める）が同時に働いた手の形。

差し指を外して小指・薬指で持つようにしたということではありません。人差し指で持たないようにすることは同じですが、親指を人差し指に少し押しつけるように伸ばしていることがポイントになります。

そのことによって、親指（厳密には人差し指中手骨内側ライン）が橈骨を手先に向かって移動させ、小指・薬指が尺骨を脇に向かって移動させる。そのような感じで押す（伸ばす）と引く（縮める）が同時に働くわけです。つまり張力が働いている状態です。

そして、気がつかれた方もいらっしゃるかもしれませんが、この手の形は能や日本舞踊の基本の構えになります。バレエの場合はこれの指を伸ばした形になっていますね。

このような伝統的なものが伝える形といいますのは、実は単に見た目の美しさの問題ではなく、エネルギーを通すために必要な形だったということです。エネルギーが通る形だから美しく見えるのです。それは逆から考えますと、この手の形の意味を真に身体で理解するように指にエネルギーを通せている場合とそうでない場合とでは、一見同じ形の手であっても全く違ったものになり、通せていますと真の美しさが立ち上がるのです。

張力の全身への影響

さて、ここまでは張力を、押すと引くという一方向での相反する力といったことで、お話ししてきましたが、全方向での働きについても見ていきましょう。

これは一見ただ手だけのことのように見えて、実は全身に影響を及ぼしているという、とてもわかりやすい例になります。腕立て伏せの姿勢になってみてください。筋力的に大変な方は膝をついていても構いません。その際、手の形をまずは指を閉じてぺたっと真っ平らにして全面を床につけるようにしてみてください。このときの手首・肩にかかる負担や身体の重さ・姿勢などを感じてください。次は、指を大きく開いて指先で床を掴むようにします。指の付け根を含めて指の関節が床から離れている状態です。このときの手首・肩にかかる負担や身体の重さ・姿勢などを感じてください。どうでしたでしょうか？

前者は手首への負担が大きく身体も重く感じたと思います。一方、後者では手首の負担が小さく、身体も軽く感じたのではないでしょうか？　姿勢も自然とお腹に力が入り腰が落ちずにいられる感じだと思います。前者は床にもたれかかっており、後者は浮いているといえます。

これは後者が手を開きながら閉じるということをしている結果です。手の土踏まずが働

腕立て伏せ

◎指を閉じる

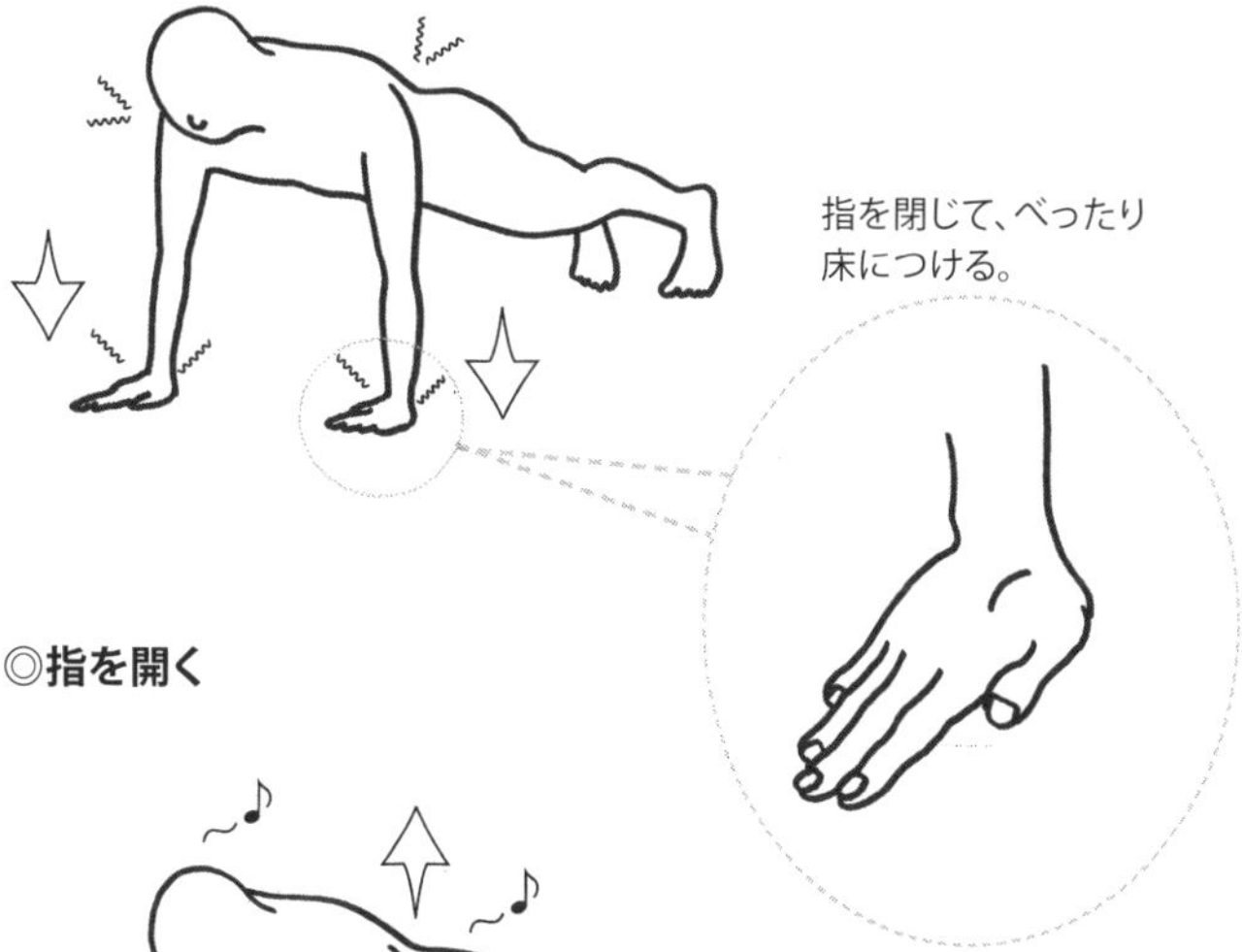

指を閉じて、べったり
床につける。

◎指を開く

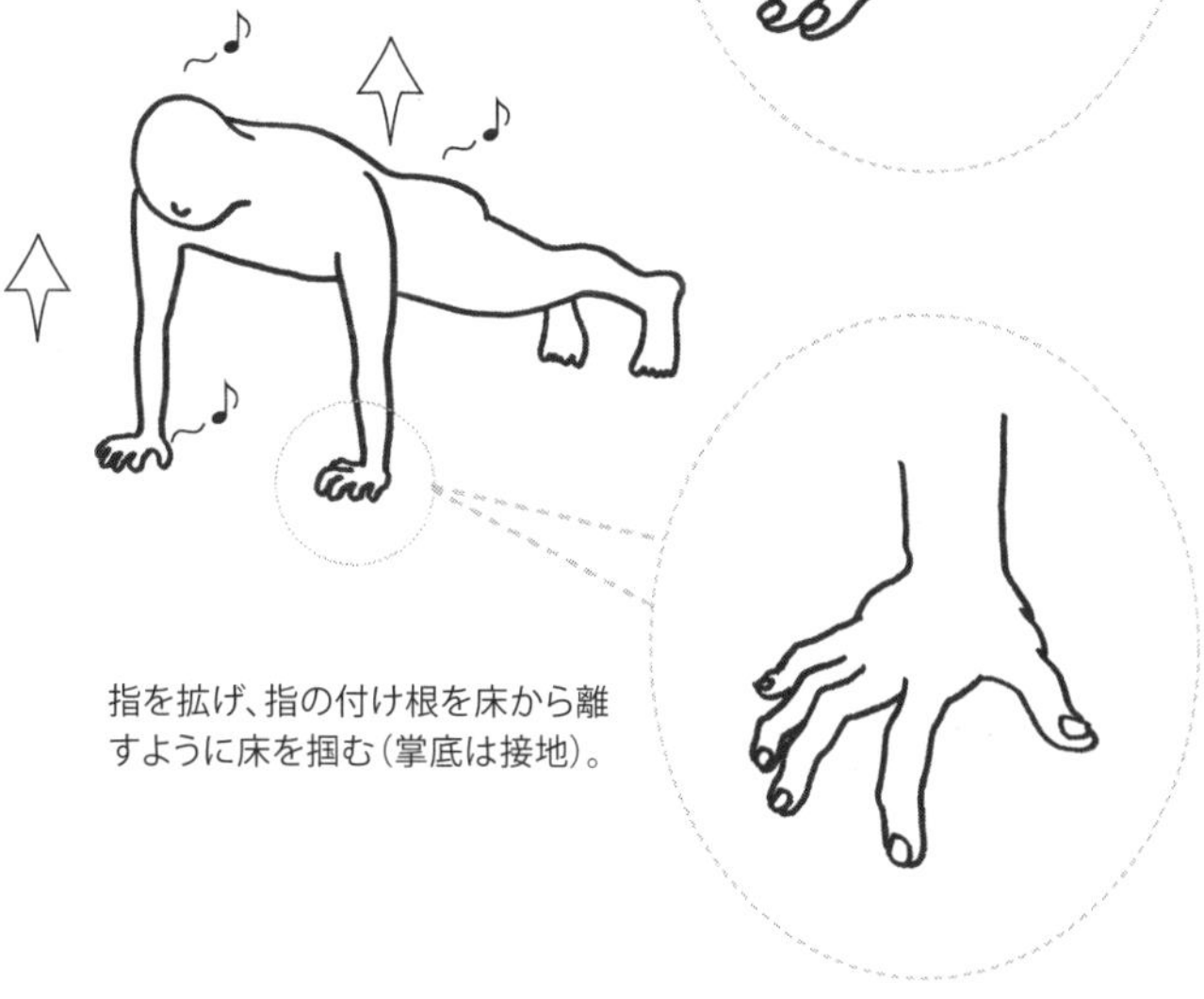

指を拡げ、指の付け根を床から離
すように床を掴む(掌底は接地)。

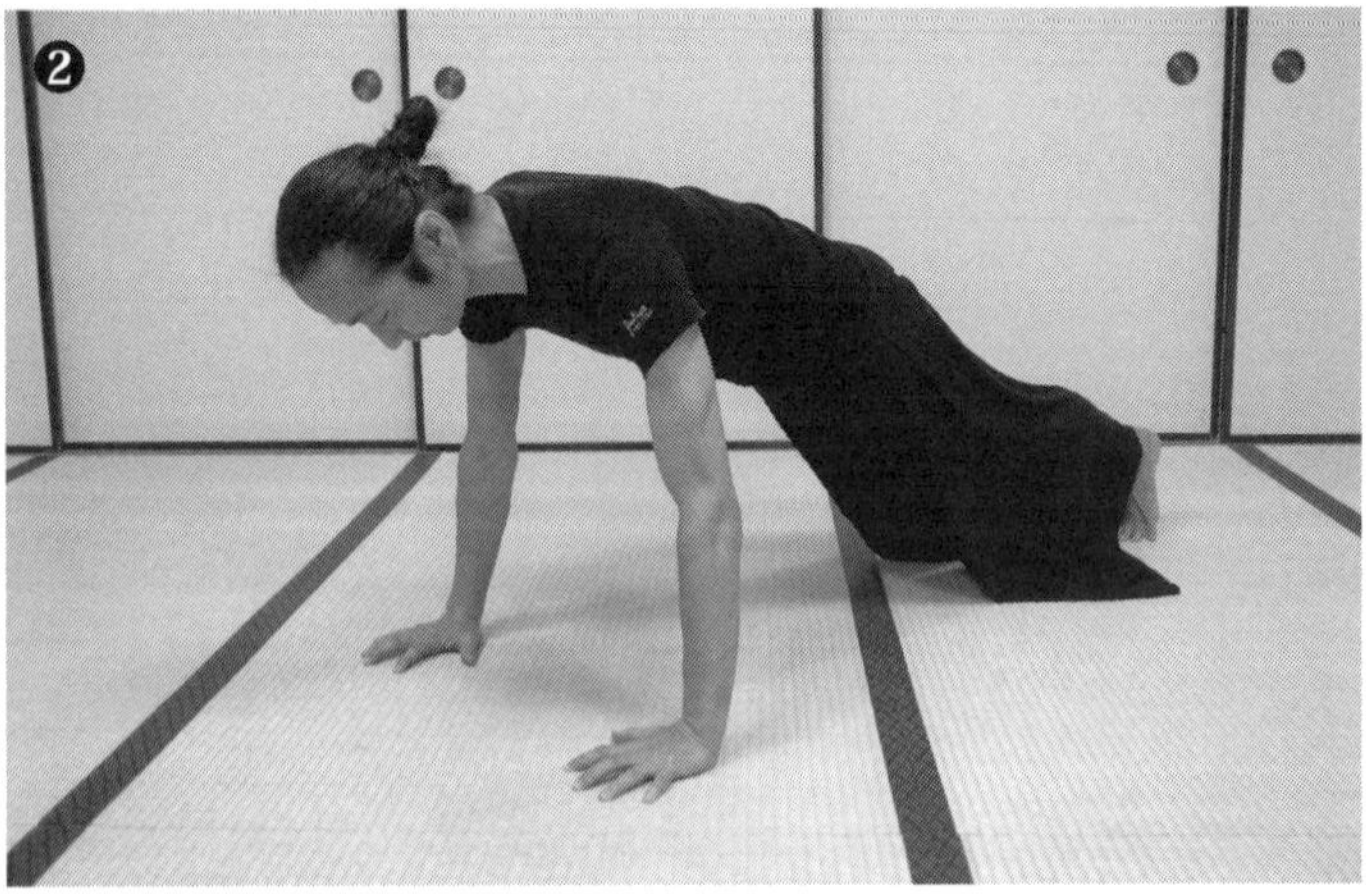

指を閉じた①では、床にもたれかかった状態になっており、指を開いた②では、姿勢も自然とお腹に力が入り、腰が落ちずに"浮いた"状態になっている。

いている、手で生み出した張力が体幹部にも張力を生み出しているのです。このような手の働かせ方はあちこちで見られます。格闘技・武道にスポーツ、楽器演奏など気をつけて見てみてください。

遠心性と求心性の両立

前章の末端と体幹のつながりのお話のように、力を発揮する、エネルギーを通すためには力を作用させたいところ（末端）と反力を受けるところ（体幹）が一体化しているほうが良いわけですが、言葉を替えますと、遠心性と求心性の両立が大事ということになります。

一般的には何かをするというほうに意識が傾き過ぎて、遠心性（発信力）ばかりが働いてしまっています。本章のいくつかの例でいいますと、指先を押し合うほうばかり、腕を押し下げられないようにすることばかりということですね。遠心性だけの場合、手先だけ足先だけといった部分的な力の発揮にしかなりません。ここに求心性の力（受信力）を働かせることで、反力を受ける箇所、体幹や反対の末端とつながり、全体的な力の発揮になるのです。これが張力を働かせるということです。

ぜひ、〝筋力を使っているのか張力を使っているのか？〟に目を向けていただいて、その違いを味わっていただければと思います。■

第7章

お腹の力は、足腰に力を入れないため！

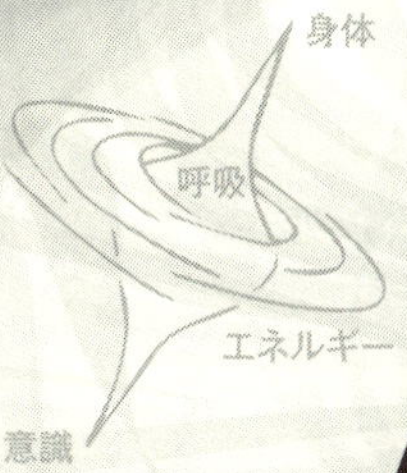

作品『照 shou』より

お腹の力とふんわりとした腰

「お腹に力を入れろ」とはよくいわれる言葉ですね。わかったようでよくわからない言葉です。力を入れるというのですから、筋肉を収縮させるのでしょうけれど、腹筋にもいろいろあります。どの筋肉のどの部分をどれだけ収縮させたらいいのでしょう？　姿勢が変わったときは、どうしたらいいのか？　動いている最中では？　……と、簡単な話ではなさそうですよね。けれど、そんな細かなことは聞いたことがありませんし、あまり細かく言われても、どうにもならないですよね。

例えば、一般的には「お腹に力がないから、姿勢が悪くなる。姿勢を良くするために腹筋をつけましょう」というようなことが言われますが、真っすぐな姿勢になるのに、お腹に力を入れたほうがいいのかどうか？　第2章でお伝えした「クラゲ立ち」をしてみていただけるとわかりますが、実際のレッスンの場で、この方法で真っすぐな姿勢になってもらい、そのときお腹に力が入っているかどうかを尋ねますと、「お腹に力は入っています」となります。ところが続けて「お腹に力を入れていますか？」と尋ねますと「いいえ、入れていません」なんです。何だか、よくわからないですよね？　お腹に力が入っていると言っているのに、入れてませんだなんて。まるで、禅問答ですよね（笑）。

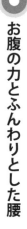

クラゲ立ち

脳が浮いていて、顔（目・眉のあたり）から下が重みで足裏から地中に垂れ下がっていく、「クラゲ」のイメージで立ってみる。

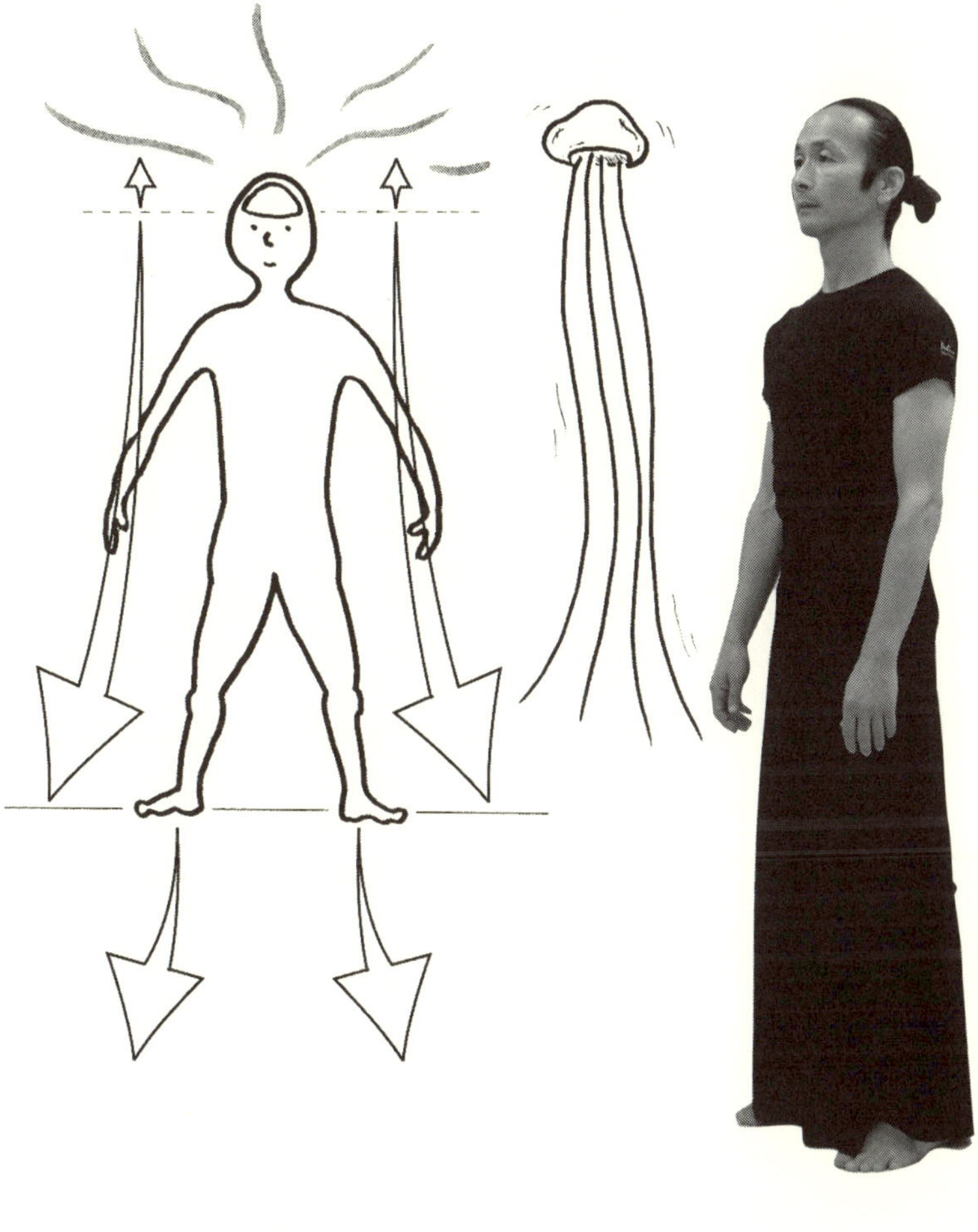

ところで、「腰の力が足りない」と言われたことはありますか？　言われたことがないにしましても、腰に力が入らないとどうにもならないという感じは、どなたもお持ちだと思います。だからといって腰に力を入れることをしてしまっては良くないんです。腰は「ふんわり」しているほうがいいんです。と、言いますと、「……？」となる方は多いと思います。

立っているとき、座っているときの姿勢にしましても、歩くとき、走るときのフォームにしましても、大抵、「腰を伸ばしましょう」と言われますよね？　どうです？　これ疲れません？「ああ、ちゃんとした姿勢って大変だなぁ……」ってなると思うんです。で、これを「筋力が足りないからだ」なんて言われて、筋トレをさせられるわけです。

それが「クラゲ立ち」をしますと、腰を伸ばすという意識はなく真っすぐになります。腰の感覚がないような感じになります。これは歩くときでも同じでして、このままの感じで歩けますと、それこそ〝体がない〟感じ。ただただ歩いている。自分の力で歩こうというのではなく、勝手に歩けている。

「腰がふんわり」というのは腰のすきまを潰さないということですが、これをしますと立ち居振る舞いがきれいになります。スポーツでも踊りでも良い動きになります。なぜかといいますと、腰が真っすぐな（腰椎の自然な前湾）状態に保たれるからです。基本的に力を発揮しようとする際に大事なことは、腰椎が満遍なく負荷を負ってくれるようにすることです。変に曲がってしまいますと、局所的な負担が生じてしまいますから、本来、骨という硬いもので受け止めるべき負荷を、柔らかい筋肉を固めることで対処せざるを得なくなります。さらに、椎間板というクッション材にも偏りの強い負荷がかかってしまいます。

柔軟さと強さを支える腰椎の位置調整力

腰は文字通り身体の要です。手や足といった末端から伝わる力を受けるところだからであり（第二の脳でもある内臓を抱えていることも重要なポイントです）、骨の形状的にも体幹部の骨の中で腰椎は最も太く臼のようです。そのような丈夫さが求められながら、同時に柔軟に動けることも求められます。だからこそ、腰椎の位置関係を調整する力を高める。それが重要なのです。そのことで、負荷を筋肉など柔らかい組織ではなく骨で受けると同時に、筋肉にかかる負担を分散させたいのです。当然、腰椎の位置調整のために必要な筋力が足りませんと、腰を痛めたり、動きの悪さ、見た目の悪さにつながってしまいます。

ですから、単に筋力を強くするのでは意味がありません。強さといっても必要なことは、どんな姿勢でもどんな大きさの負荷にでも瞬時に対応できるべく、筋肉自身が高度な判断能力と繊細な出力調整能力を兼ね備えていることです。これは筋力の問題であると同時に、神経系の問題です。

ではどうしたらいいのかといいますと、腰に負荷がかかりそうな動き（筋トレでも）を、腰の力を使わずにやってみよう、というのがいいわけです。そうしますと動きにもよりますが、本当の意味での「お腹の力の使い方」がわかってくるようになり、また「股関節の使い方の大切さ」に目がいくようになります。

エネルギーが通った四股立ち

そもそも身体を動かすということは、全身約２００個の骨が常に位置関係をずらし続けるということです。一つの骨が少しでも動けば隣接した骨が動き、そのまた隣接した骨が動き……、というようにどんなにわずかな動きでも、全身の全ての骨の位置に影響を及ぼします。その骨の動きを担っているのは、全身約６００個の筋肉（筋肉は筋繊維の集まりですから、途方もない数の筋繊維）になります。それだけの数の筋肉（筋繊維）が、それぞれいつどのタイミングでどの程度収縮したり緩めたりすればいいのか？　頭で考えて追いつくものではありませんよね。個別の筋肉を意識しながら収縮させる訓練をメインに行っていますと、筋肉自身の判断能力・対応能力が落ちてしまいます。

ここで「四股立ち」を例にお話ししていきますね。四股立ち、両脚を大きく開いて腰を落とした姿勢をとりますと、多くの方が大腿四頭筋にほとんどの負担を負わせてしまいます。身体の他のところはほとんどみんな休んでいます。もちろんお腹も休んでいます。

これは全くエネルギーの通っていない状態です。このような鍛え方をしていますと、大腿四頭筋の筋力は高くなるでしょうけれど、使えない身体を作っていることになります。

そこで、股関節のすきまに目を向けます。次頁図左のように良くない四股立ちの場合、股関節が潰れています。これはある意味、楽をしようとして股関節に寄りかかっているんですね。ですから動きづらくなります。動き出す際に、この寄りかかりを外す必要があるからですね（これが〝使えない身体〟ということです）。

これを、次頁図右のように股関節のすきまを広げるようにしますと、実際にやると違いがはっきりとわかるかと思いますが、大腿四頭筋の負担が減ります。ハムストリングスが働くようになります。脚が軽く感じるかと思います。ちょっと浮いている感じがするかもしれません。これがエネルギーの通っている状態です。もう一度、普通の四股立ちをしてみると、全く違うことをしているように感じるのではないでしょうか？

四股立ちと股関節のすきま

◎一般的な場合

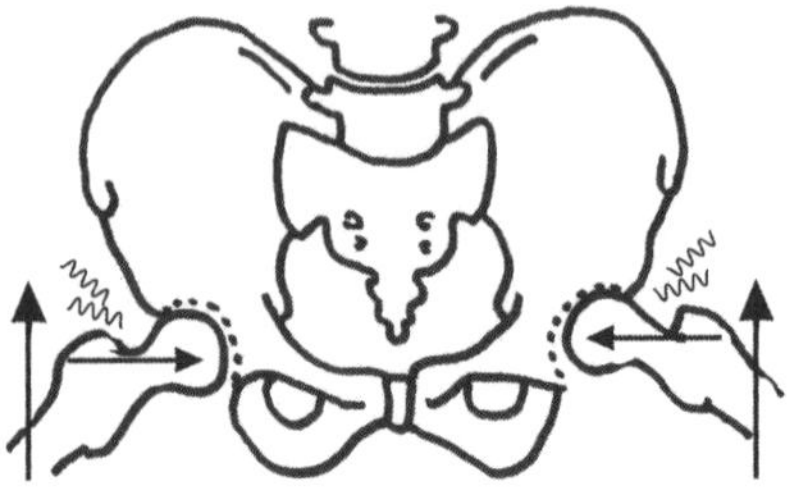

大腿骨が股関節の上部・内側を押しつぶすようになり、骨盤の重さを大腿骨に預けてしまう。

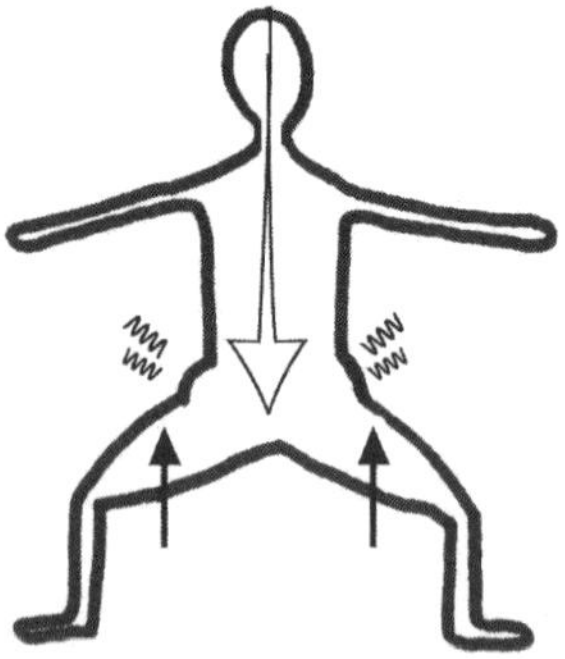

大腿四頭筋がメインに働き、お腹など他は休んでいる。体の重さを全て大腿四頭筋で支えている。

◎必要なこと

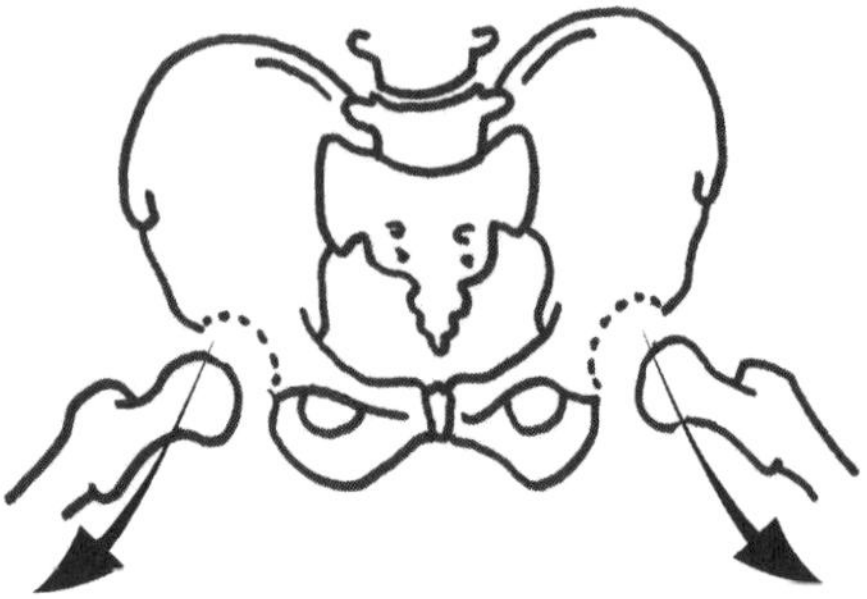

大腿骨を股関節の上部・内側から遠くなるようにし、股関節のすきまをできるだけ広げる。

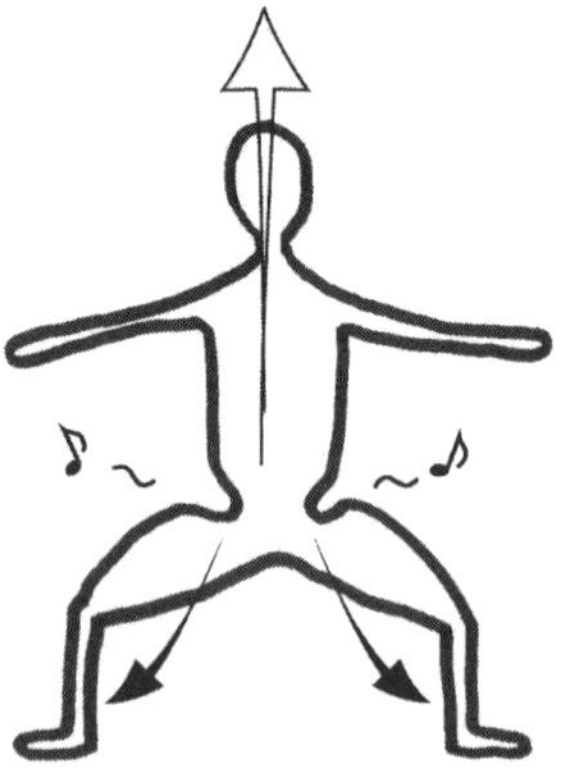

ハムストリングが働き、お腹も働く。体が上方へ引き上げられ、重さが分散する。

〈四股立ちとお腹の力〉

◎正面からみた姿勢

◎斜めからみた姿勢

◎横からみた姿勢

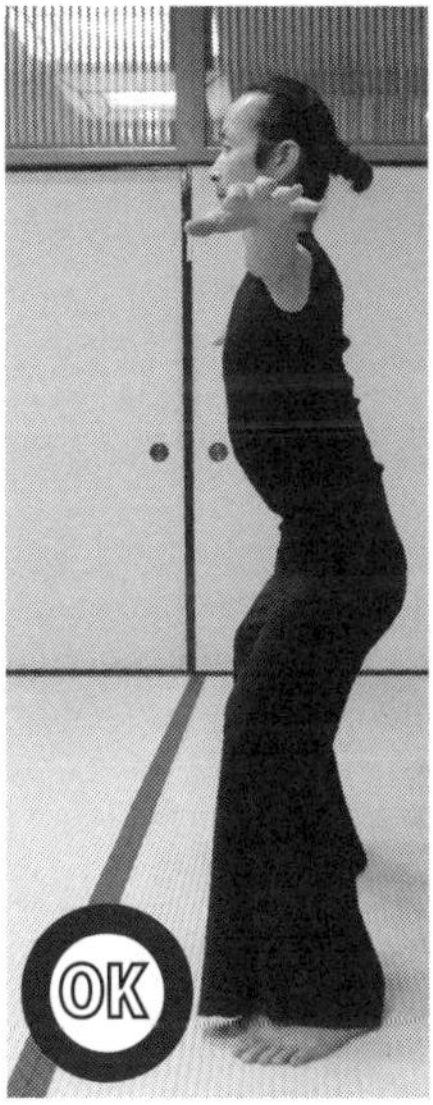

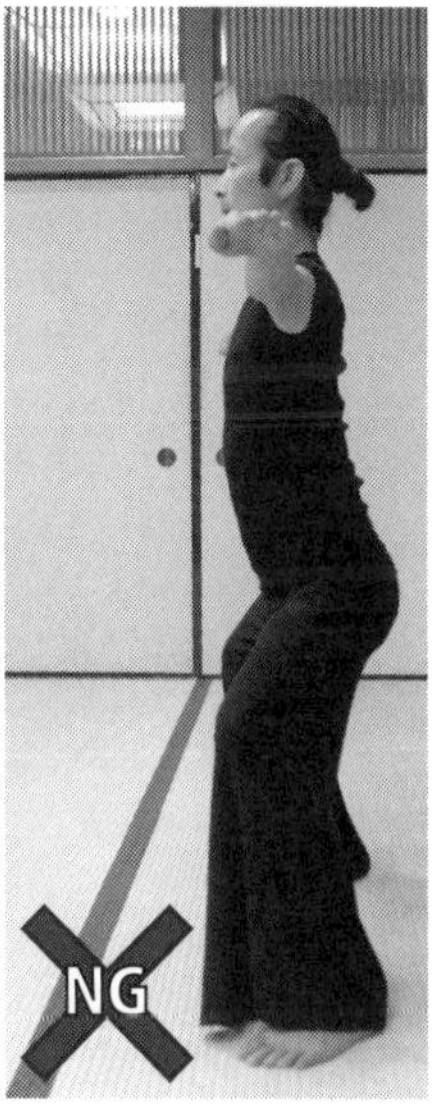

写真は、股関節のすきまを広げるようにした四股立ちを、正面、斜め、横からみたもの。横から見た姿勢の右側写真は、一見良さそうに見えるかもしれないが、股関節に寄りかかり、すきまがつぶれてしまっている状態。左側写真は大腿四頭筋の負担が減り、ハムストリングが働くようになり、浮いた感じがするのが見て取れる。股関節のすきまを作った四股立ちでは、意識しなくても必要な分のお腹の力が自然と使われる。

一見同じことをしているように見えますが、中味は全く違うわけです。これが動きや形を学ぶ際のセンスといわれるものなんですね。同じことを同じだけ練習しても、同じ結果にはならない。それどころか、ますます使えない身体、ケガをしやすい身体になっている可能性があるわけです。

さて、お腹の力に話を戻しましょう。股関節のすきまを作った四股立ちのときのお腹はどうですか？　力が入っているはずです。けれど、力を入れたという意識はあまりないのではないでしょうか？　「クラゲ立ち」のお話と同じ状態だと思います。ではここで、その良い四股立ちをしたままお腹の力を抜こうとしてみてください。できませんよね？　逆に、もっとお腹に力を入れてみてください。何のためにやっているのか、全く意味のわからない、ただお腹を力ませているだけだと思われると思います。一方、股関節のすきまをより広げようとしますと、お腹の力もさらに使うことになります。

身体のすきまを作ってエネルギーを通すようにしますと、自然と必要な筋肉が必要な分だけ働いてくれます。エネルギーの通りと無関係に筋力アップを行っても、本当の役に立つ働き方とは無関係な見た目だけの筋肉がつき、むしろ良くない働き方の神経回路ができ上がってしまい、ケガやパフォーマンスの低下を招くことになるのです。

腰の力を抜くトレーニング

次に、腰に力が入ってしまいやすい状態でのお腹の力の役割を、強く感じていただこうと思います。

次頁掲載写真の姿勢（「スーパーマン」と呼んでいます。凄いからではなく、スーパーマンが超低空飛行しているという意味で）、ここで重要なことはできるできないではありません。最も気をつけなければいけないポイントは、「腰に力を入れない」です。

この姿勢をしますと、つい腰に力を入れてしまいます。それは一番危険な行為です。「どれだけ腰に力を入れないでいられるか？」に力を注いでください。腰に力を入れる、腰の筋肉を収縮させますと、腰は反る動きになってしまいますから、むしろ腰を丸めるようにする感じです。けれど、お尻に力を入れてもいけません。もちろん、息を詰めるなんてもってのほかです。腕も脚も首もでき得る限り力を抜いて、楽に動かせるようにしてください。このとき、手は前章でお伝えした張力を全身に働かせるためにも、指を開いて床を掴むようにすることも大事です。

足が滑ってしまう方は、腰が反る方向に働いてしまってるからです。「スーパーマン」では身体をアーチの形で支えることがポイントです。アーチになりますと、床と接触して

「スーパーマン」トレーニング

地面に両手両足をつけ、スーパーマンが超低空飛行しているような姿勢をとる。
この際、
・腰に力を入れて反らせない。
・両膝は突っ張ることなく、常に床から軽く浮かせておく。
・お尻は肩より高い位置に上がらない。
・ノドを開き、ゆったりと呼吸しながら。
この状態で、腕や脚、頭、背骨など、動かせるところを脱力して動かしていく。

いる手足からの力は下（床下深い）方向に向かいます。足が滑るということは、下ではなく床を舐めるような前後方向への力が強いということです。それは腰が反ることでアーチ構造ではなく、突っ張り棒的な働かせ方をしているからになります。

もう少し詳細にお話ししますと、アーチというよりもお椀・ドーム形になります。肋骨下部と骨盤も閉じているのですね。ですから、お腹周りの筋力が弱く肋骨下部が開いたり骨盤を引き寄せられませんと、お腹が開いて落ちる形になってしまいます。

「スーパーマン」は一見、実用的ではない形に見えるかもしれませんが、「押す」という動きに通じているんです。多くの方が、何かを押す際に腰に力を入れてしまい、地面を踏む力が地中深くではなく、表面を後ろ方向に滑ってしまうような踏み方になりがちです。突っ張り棒になろうとしている感じです。それでは腰を痛めてしまいますし、押したい物への力もそれほど大きくなりません。

そして「押す」といいますのは、単純に押すという行為だけでなく、投げる、打つ、殴る……、といった前方に向かって力を働かせること全般に共通する力の出し方です。ですから、「スーパーマン」でのお腹の力の働かせ方・強さは全ての動きの土台といっても過言ではありません。

お腹の力～筋力ではなく張力

さらに、お腹の力の強さといいましても、もう一つ重要なことがあります。それはお腹を縮めないということです。アーチでもお椀でも、お腹はどちらかといえば長く（広く）なりながら力を発揮しています。張力を働かせているということです。

呼吸のお話は次章でお伝えする予定ですが、お腹を縮めてしまいますと呼吸が通らなくなります。「スーパーマン」で息が詰まるような感じですと、それは縮めるようにお腹を使っている証拠、張力ではなく筋力を働かせているということです。使える身体のためのトレーニングにはならないので注意が必要です。

「スーパーマン」はお腹を鍛えるためのものではなく、腰の力を抜く・腰のすきまを作るためのトレーニングです。また、一部動けないところ（スーパーマンの場合では腹筋周囲など）が生じた状態で、それ以外の動かせるところを脱力して動かすことで、全身の骨の位置調整力を高めることも重要な目的になります。

第1章でお話ししたように、エネルギーは身体のすきまを通ります。そして、すきまを作ることが筋力から張力への変換のカギです。

お腹の力が腰や脚の力を抜くため、張力を働かせるためということを、色々な場面で探索していただければと思います。

■

〈お腹を長く使う〉

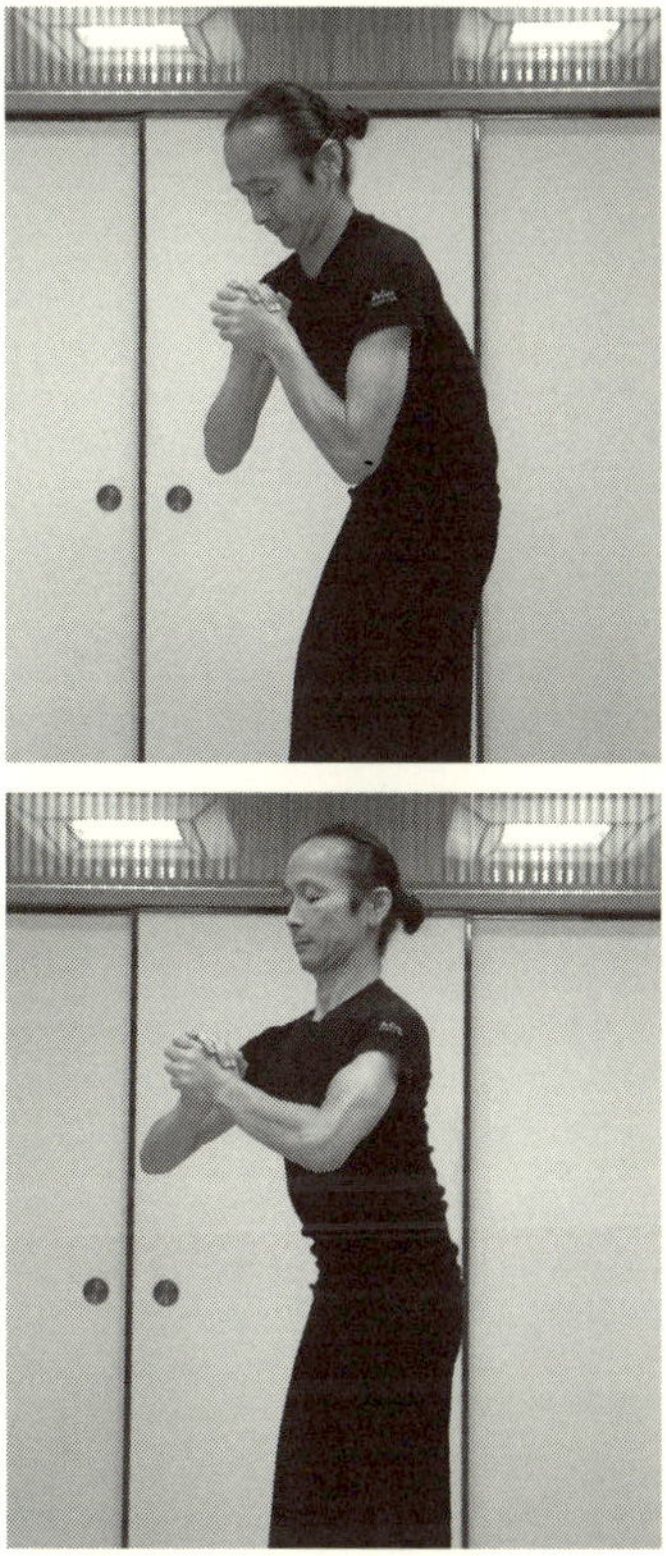

両手を押し合う際、写真上では体を縮めてしまい、力感はあるが実際の手に伝わる力は弱い。写真下のように、お腹を縮めずに、お腹が"長くなる"ように力を出していくことが重要。

第8章

呼吸とは、〝する〟ものではなく〝通す〟もの！

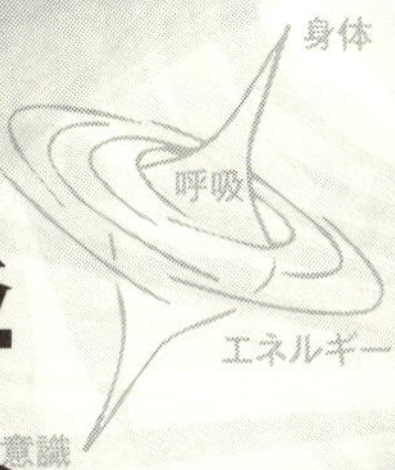

作品『照 shou』より

身体のすきまを〝通す〟呼吸

本書の内容、つまり「JIDAIメソッド」では、エネルギーが通っているかどうかを最も重要視しています。最初にお話ししましたように、エネルギーは身体のすきまを通るのですが、身体の中の最大のすきまといってもいいのが、呼吸に関わるものになります。

呼吸が大事だということは、どこでもいわれるものですが、ここでは呼吸を〝する〟ということと、呼吸を〝通す〟ということを分けて考えています。呼吸をすることは誰でもしていますし、誰でもできます。それは単に生命を維持するためだけの呼吸だからです。

前章では、四股立ちを例に、エネルギーが通らない状態で鍛えると使えない身体になるということをお伝えしました。それは、イコール呼吸が通っていない状態でトレーニングをしても、かえって使えない身体になるということです。これは逆にいいますと、呼吸・エネルギーを通しながらトレーニングをするならば、何をしても使える身体になっていくということでもあります。

また集中力につきましても、呼吸を通せていれば、それはイコール集中であり、呼吸を通すのではなく生命維持の呼吸をしているだけですと、仮に集中できていたとしましても、私はそれを集中とは考えません。といいますのは、〝通る〟呼吸の場合には心と身体が一体化していますが、〝する〟呼吸の場合には心と身体は一致しておらず、気持ち（脳内）だけが集中している状態のため、気がつかないところで呼吸が止まっていたりします。このような集中は視野が狭くなる集中です。大事なのは〝拡散的な集中〟です。

呼吸をしているだけの集中、視野が狭くなる集中とは、自分を周囲から閉じる行為です。周囲からの情報をシャットダウンして自分を小さくするものです。一方、呼吸が通っている、エネルギーが通っていますと、自分と周囲の空間が一体化し自分が大きく広がります。極端な言い方をしますと、周囲からの情報が外部の情報としてではなく、自分事として感じられるようになります。

動きと呼吸の一体化

ではまず基本的な呼吸について見てみましょう。一般的には「胸式呼吸」と「腹式呼吸」とに分けられています。胸郭・肋骨の動きを主体としているか、横隔膜の動きを主体としているかの違いです。

どちらが良い悪いということではなく、場面に応じて有効な呼吸の仕方があるだけですね。全力疾走した後に腹式呼吸をするのは辛いでしょうし、落ち着かなければいけないときに胸式呼吸では役に立たないということです。ただ、胸式呼吸・腹式呼吸といいましても便宜的に分けているだけで、完全に分けられるものではありませんし、胸郭・肋骨も横隔膜もしっかり動かせるようにしておくことは大事です。

その上で、本章でお話しさせていただく呼吸は、全く違う視点からお伝えすることになります。

呼吸を〝する〟ということと、呼吸を〝通す〟ということ、これは似て非なるものです。前章までにお伝えしてきた手先足先と体幹が一体化する、エネルギーが通るように動くということを念頭においた上で、呼吸の面を取り出してお話ししていきますが、同じ身体の状態でありましても、〝する〟呼吸では動きと呼吸の真の意味での一体化は起き得ないのです。なぜならそれは、動きと呼吸のタイミングを合わせるに過ぎないからです。本来的に別々のものがどれだけタイミングが合おうと、一体化ではありません。要するに厳密には、いつも動きと呼吸がバラバラになっているということです。

一方、〝通す〟呼吸の場合、動きが呼吸を導くようになります。動きに伴って勝手に空気が出入りする。感覚としましては、いつも身体に空気が満たされている感じです。動きと呼吸を合わせるという意識は全くもって不要になります。一体化していますから、バラバラになりようがないのです。

〈動きが呼吸を導く〉

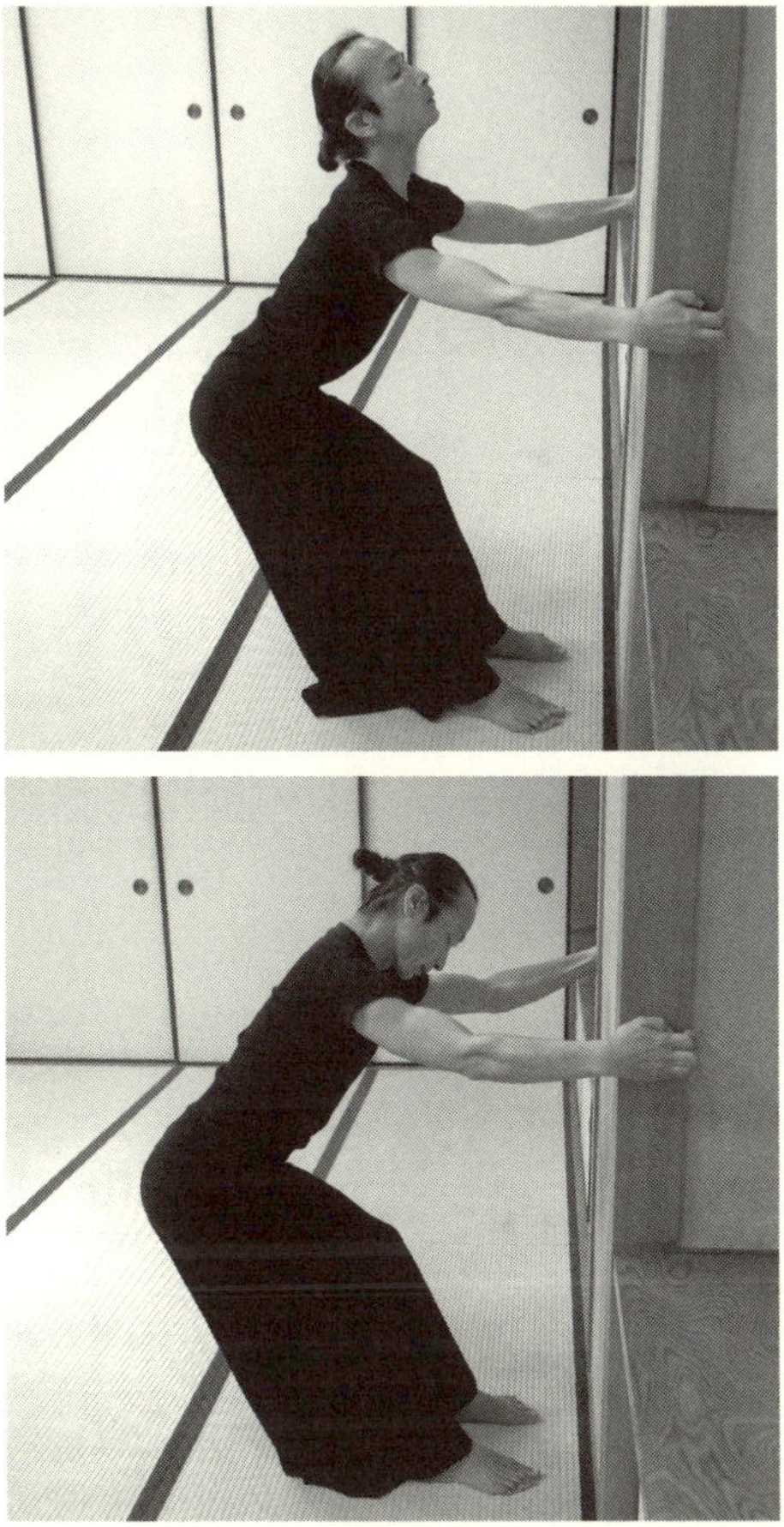

手は握らず指先で引っかけるだけにして、ぶら下がるように体の重さを預けたまま、足元の位置は動かさずに、それ以外の動けるところ、膝や背骨などを動かす。
そのときの呼吸を、いつ吸っていつ吐いてということは、一切考えずに、ノドを開いたまま、お腹の底の空気が抜けないようにという感覚を保つ。

身体の内側の立体的な広がり

ここからは呼吸を〝通す〟ことの具体的な方法を見ていきましょう。ポイントは大きく二つあります。一つはノドを開いておくこと。もう一つは（イメージとして）吸う息が胸郭の底から溜まり、吐く息は上から出て行くようにすることです。これをしますと、口腔と胸腔、腹腔が常に一体化した感覚になります。顔から首、胸、お腹の底まで体の内側が、ひとつながりに立体的に広がります。

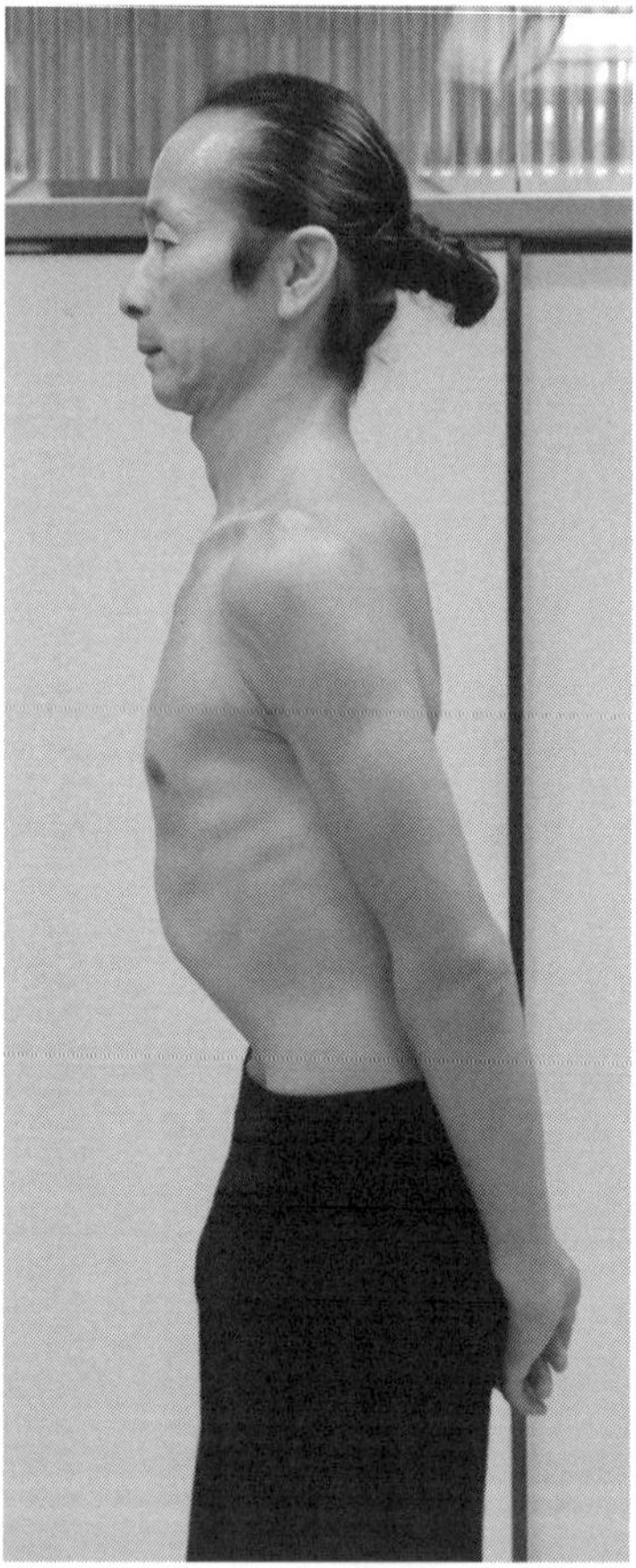

おヘソは引っ込めつつ、その下は押し出すように膨らます。そのとき、仙骨は後方に押し出される。この状態を保ち、できるだけ大きく吸う・吐くを行う。

呼吸と空気の出入り

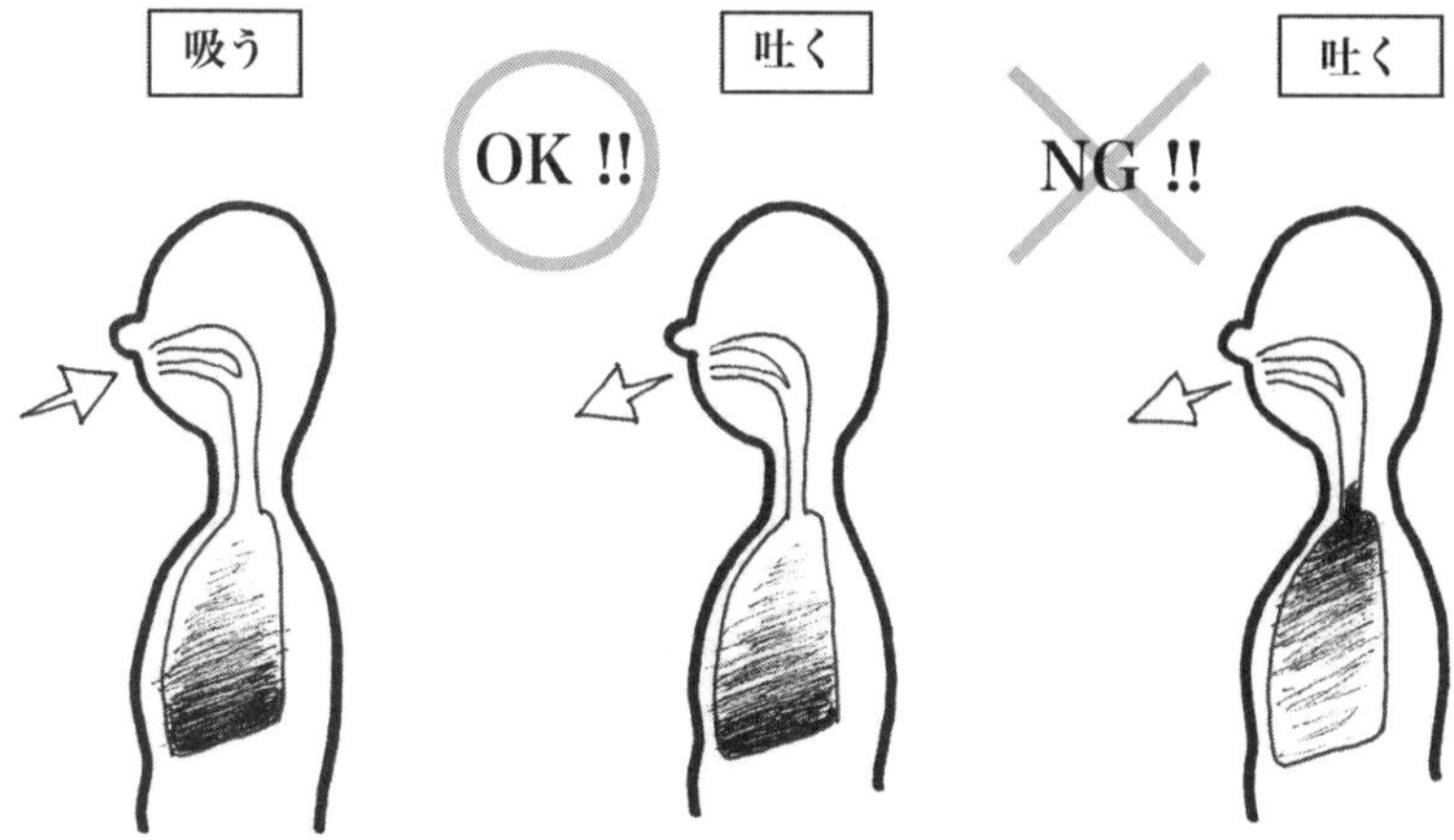

腹の底から溜まっていくように吸う（胸郭の動きよりも、横隔膜を下げることを優先させる）。吸うことで鎖骨周りを緊張させないように。

底に溜めたまま、胸の上部から吐いていく（横隔膜を下げたままというイメージで、吐いていることがわからないようにする）。

底から吐いてしまう（横隔膜が先に上がってしまう）。腹腔内圧が弱まってしまい、お腹の長さも出なくなり、エネルギーが流れなくなる。

〈ノドの開き〉

ノドで呼吸しようとしないように、ノドは空気が通るだけにして、開いたまま呼吸する。吐くときには口をすぼめず、空気が漏れていくような感じでふんわりとさせておき、呼吸音を一切立てないようにする。

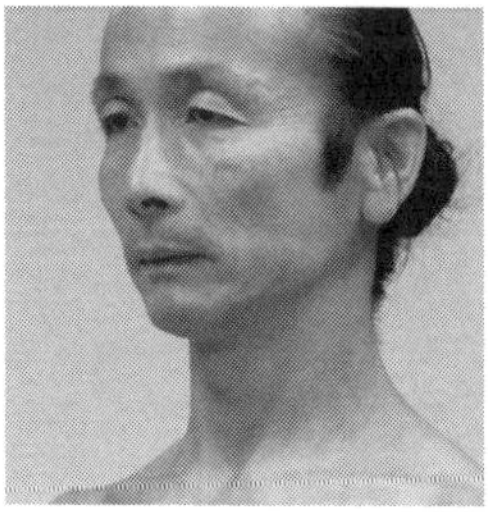

〈三つの空間の一体化〉

口腔など顔の中の空間・胸腔・腹腔という三つの空間が内側から膨らんでいる（内圧）状態を保つようにする（ただし、胸郭上部はゆるみが必要）。

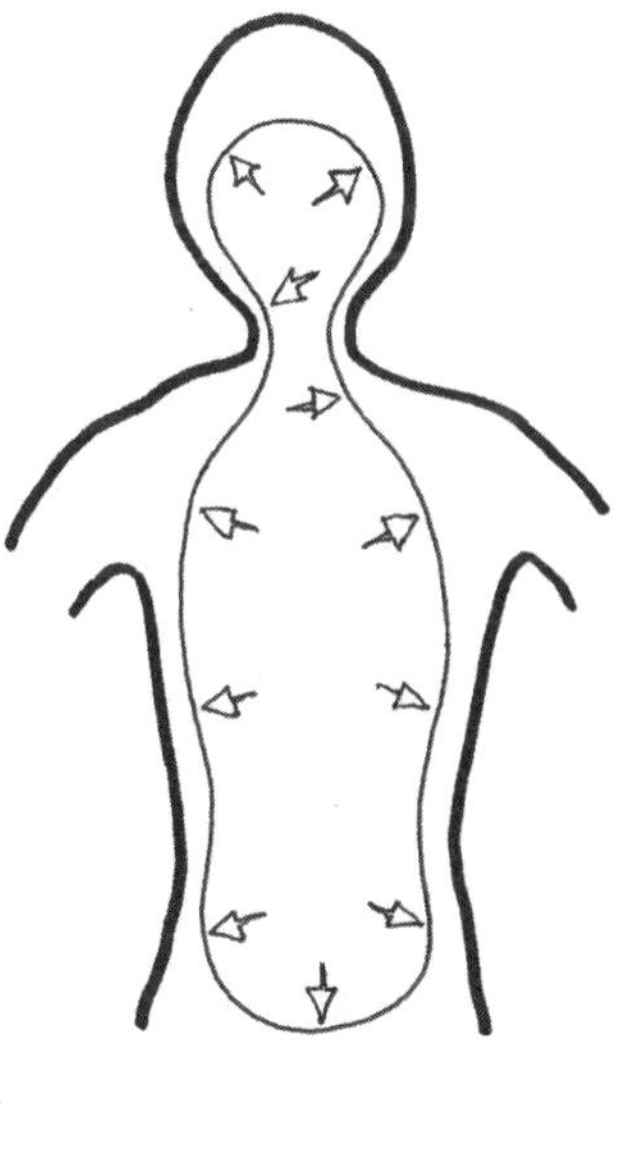

ところで、呼吸は解剖学的には胸腔内、肺の空気の出入りであってお腹に空気が入るわけではありません。だからといって、胸郭から下は使わないと考えてしまうのは問題です。吸う際には横隔膜が下がるわけですから、内臓はその分移動する必要があります。下へ外へ前へと。この動きがお腹を膨らませるので腹式呼吸といわれ、お腹に空気が入っていくイメージになっています。

解剖学的な正しさとともに、イメージは大切です。横隔膜が下がるという事実とともに、腹腔が空洞で空気で満たされるというイメージは役に立ちます。そもそも胸腔も全てが空洞というわけではありません。胸に空気が満たされるというのもイメージです。イメージは役に立てば使ったほうがいいですし、役に立たないものはいくら解剖学的に正しくても使わないほうがいい。一つひとつの肺胞に空気が流れ込んでくることをイメージしてもあまり役に立ちませんよね？　上手に解剖学とイメージを使えるといいと思います。

さて、ノドの開きは一旦おいておきまして、もう一つのポイントである「吸う息が胸郭の底から溜まり、吐く息は上から出て行くようにする」の練習であり、同時にうまくできているかどうかをチェックする方法をお伝えします。

下腹（丹田）を手先で強くぐっと押し込むようにし、それをお腹を膨らます力で押し返します。お腹を膨らます際に、腰も膨らますようにします。できる方は、おヘソ自体は引っ込めながら下腹を膨らませてください。腰のほうは、仙骨を後方に押し出す感じになります。骨盤の内側で風船が膨らんで四方八方（上方は不要）を押している感じです。

この状態を保って、大きく息を吸ったり吐いたりしてください。下腹を張り出す力がスッと弱くなることがあるかと思います。人によって吸うときに弱くなる人、吐くときに弱くなる人がいます。吸うときに弱くなる人は横隔膜が下がってきていないんですね。いわゆる胸式呼吸になってしまっています。吐くときに弱くなる人は、吐く息が胸郭の上からではなく、底から出て行ってしまっているんです。ただし、吐くにしたがって多少は下腹の張り出しは戻ってきます。それは問題ありません。力が抜ける感じがあるかどうかです。

ノドは開いたまま！

この呼吸をできるだけノドを開いたままで行います。ノドは空気が通るだけです。ノドで呼吸しようとしないように。そして、吐くときに口をすぼめたりしないでください。口は唇に力を入れず、ふんわりとさせておいてください。ただただ静かに、吸うときも吐くときも、呼吸の音をさせないように。極端な言い方をしますと、吐くときは空気が漏れていくような感じに。

　こうして呼吸をしていますと、本当にノドは空気の通り道に過ぎないのだなということを実感できると思います（ノドで呼吸しようとしてしまうのは、おそらく声帯があるからだと思われます。声は声帯が働いて出ますから、呼吸も声帯のあたりが働いているのだろうと、無意識に思ってしまうのでしょう）。

　人によりましては、この呼吸をしているだけで身体がどんどん熱くなります。しかしながら、呼吸法の練習として特別に取り上げて行うものであってはいけません。普段歩いているときも行っていただければとは思いますが、少なくともストレッチや筋トレでもなんでもトレーニング的な意味合いで身体を動かす際には、常にこの呼吸でいてほしいと思っています。肉体的負荷の大きいときには、なおさらです。

　例えば、前章でお伝えした「スーパーマン」では、むしろこの呼吸をしないではやらないでいただきたいのです（「息を詰めるなんてもってのほかです」とお伝えしたのは、こういった意味です）。最終章でお伝えする、声を出しながら行うことが最も望ましいのです。

〈トレーニング＋“通す”呼吸〉

両膝は落下しているように緩めたまま、腰は肩よりも高くならないようにしておきつつ、胸は落ちないよう床から高く上げておく。手の指は開き床を掴むように。
その上で、ノドを開いたまま深呼吸しながら、頭・首・胸をフリーにして大きく動かす。
けっして苦しそうな顔をしないことも重要。

呼吸の動きと感情の動き

ところで、身体表現・演技の立場からお話ししますと、胸式呼吸に見えるように動けることは重要です。それを成り立たせるためには、呼吸の動きが胸に出てしまわないように呼吸できることが重要になります。どういうことかといいますと、人の感情の動きは呼吸に現れますから、呼吸の動きを見せることが感情を表現するということになります。

ところが、生命を維持するためだけの呼吸しかできないとなりますと、表現としての呼吸の動きなのか、ただその本人にとっての普通（生命を維持するため）の、表現とは無関係の呼吸なのか観客は混同してしまいます。観客の視点が表現されるべき世界ではなく、演者の日常の人格に向かってしまい、表現としては失敗になります。見せるべき呼吸と、隠す呼吸を使いこなす必要があるのです。

内と外、表と裏の循環

最後に、この〝通す〟呼吸で行う「トーラス呼吸」を紹介させていただきます。トーラス構造（左上図参照）のように「外と内」を立体的に循環させるような呼吸です。「裏と表」、「陰と陽」と考えることもできます。完全な形で行う場合は意識も内と外を行き来させます。

〈トーラス構造〉

円環面と言われるドーナツ状のカタチが基本となるトーラス構造。外側から入ったエネルギーは内側に、そして内側に入ったエネルギーは再び外側へと循環していく。

トーラス呼吸

閉じる場合も開く場合も足元は踏み続け、その踏む力を下丹田を通して手先へとつなげ、螺旋的に動き続けます。

イメージとしては、ボールに切り込みを入れて裏返しにする。裏を表に、表を裏にと繰り返す感じです。ですから、直線的に動く瞬間は一切ありません。

これは第3、4章にお伝えした「和の身体と西洋の身体」を交互に入れ替えるともいえます。その上で大事なことは、吐く／吸うの切り替えの際にエネルギーが最大になるようにすることです。呼吸の切り替えを見えないようにする、身体の内圧が下がらないようにするということです。第5章でお話しした体幹（肩甲骨・骨盤）の開閉と背骨の上下の波運動

の切り替えがいつの間にか生じているようにするということでもあります。

「内臓がひっくり返る」ような感覚は、うまくできているかどうかの目安になります。「吸うの中に吐くがあり、吐くの中に吸うがある。陰の中に陽があり、陽の中に陰がある」ということを実感できていることが大事になります。

身体感覚ありきのイメージ

また、宗教的な意味合いは全くないのですが、こんなイメージは重要になりますので、一応お伝えしておきます。

「自分が宇宙を創り出し、自分が宇宙の中心となる。宇宙を自分の中に持ち、自分が即ち宇宙となる」「自分自身が毎回誕生し、また誕生前に戻る。その繰り返し」

こういったものは、頭の中で完結してしまいますと、危ない妄想になります。あくまで身体感覚あってのことです。ただ、イメージなく単なる身体感覚だけで終わらせないということも重要と思っていただければと思います。

呼吸が通るようになりますと、エネルギーの流れに身を乗せることが体感されてきます。呼吸を〝する〟ということと呼吸を〝通す〟ということ、探索してみていただければと思います。■

第9章

音感覚に身体は支配されている!

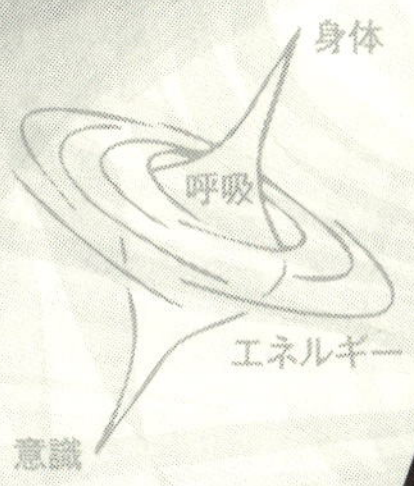

作品『闇』より

音を見る

ここまで、基本的に自分の身体との向き合い方をお伝えしてきましたが、本章では「音感覚に身体は支配されている」という、ある意味で身体の使い方以前の問題を取り上げたいと思います。音をコントロールできないと、動きをコントロールできないというお話です。

私たちは動いているときはもちろん、じっとしているときでさえ音を発しています。その音は耳には聞こえません。ある人の発する耳には聞こえないその音を、私たちは身体で感じ取っているのです。そのことに対して意識的な人もいるでしょうし、全く無意識な人もいると思います。

と、お話ししていきますと、なんだかとっても難しい、あるいは怪しくいかがわしい話のように思われるかもしれませんが、ことは簡単です。例えば、黙って座っているだけにもかかわらず、ある人はなんだかせわしなく、がさつな感じがする一方で、ある人は静かで上品な雰囲気が漂う。またある人は暗く重たい感じが……、といったことありますよね？

これは、服装などの見かけのことではなく、その人が携《たずさ》えている音が、見る人にそう感じさせているのです。

わかりやすいところで、テレビや映画、普段の生活の場でも構いません、「この人なんだか嘘っぽいな」と感じることがあるかと思います。それは、その人が表に出しているもの（言葉でも立ち居振る舞いでも）への違和感ですが、その人の内面の音が、表に出している（出そうとしている）ものと違っているからです。それを受け手は感じ取っているわけです。「うれしい！」と言っているけれど、気持ちがこもっていないように聞こえるというのは、「うれしい」という日本語を音声として発してはいるものの、「うれしい気持ち」が本来持ち得る音、明るさだったり軽やかさだったりといったものを携えていない、そういったことです。

ですから、下手な役者さんはなんでもテンションを上げてしまうのです。テンションを上げることが気持ちをこめることだと思ってしまっているのです。もちろん表現ですから、そういった演技を熱演として評価される方もいらっしゃいます。それはそれでいい。特に幼稚園児の学芸会などでは、むしろ微笑ましいですよね？

格闘系ですと一般的には熱い感じの音を感じさせる人のほうが、強そうな感じがしますけれど、逆にあり得ないくらいの静けさの人ですと、血も凍るような怖さを感じさせますね。エンターテイメント的にはこういった対照的な音を持った二人が戦うというのは、興味を惹き立てられると思います。

ところで武道の達人と聞いてイメージするのは、どんな音を携えている人でしょうか？

おそらく静かな波風の立たない音だと思います。あるいは、「たら〜ん」といったものかもしれません。これは、なぜかと考えますと、テンションの高さや熱さを感じさせる音というのは、筋肉の大きな収縮を感じさせるからで、ですから、筋肉の力みを感じさせない音を携えている人のほうが達人だと思うわけです。

達人の音

上写真は合気道創始者・植芝盛平翁。武道の達人の動きや雰囲気を音として見てみる。例えば、嵐の前の静けさのような音が聞こえてこないだろうか？　音として見ることで、言葉では捉えられない全体を丸ごと掴むことが可能となる。

小さな子どもには、こういった考え方・価値観がありませんから、強い人イコール強そうな音、つまり筋肉の収縮感を感じさせる音を持った人を強いと思うでしょうし、「○○ごっこ」でヒーローを演じるときもそういった音を生み出そうとしますよね。静けさを出そうとする子どもは、ちょっと怖い（笑）。

動きや雰囲気を音として見るというのは、一般的ではないかもしれませんが、私たちは幼いころから、例えばごっこ遊びに現れるように、ずっと自然にやってきています。そこを意識的になり、自分が動く際に動きというビジュアルの感覚だけでなく、音の感覚を取り入れますと、これまでうまくいかなかったものが、すっと解決したり、できているものもより完成度が上がります。

擬態語・擬音と身体感覚

日本は擬態語・擬音が豊かですが、それは身体感覚をいわゆる言語としてではなく、そのまま表すほうが伝わると感じているからだと思われます。言語は脳で処理させる非常に抽象度の高い情報ですが、音は身体感覚として処理される非常に具象度合いの高い情報です。漫画では擬態語・擬音、ときに普通の言葉も、活字ではなくデザインされますよね？　音の持つ雰囲気をデフォルメして、身体感覚に訴えることで、言語以上のより多くの情報を持たせています。

では実際に動く際、例えば「素早く動け」ということを、そのまま言葉でいわれた場合と「サッ！と動け」といわれた場合とでは、随分と動きが変わってくるのではないでしょうか？　「バッ！と動け」ではどうでしょう？　「素早く」というのは、指示としては間違っていないかもしれないけれど、イメージは湧きづらいですよね。脳に言語情報としてしか届かないからですね。一方「サッ！」でも「バッ！」でも、擬音は身体感覚に訴えかけますから、そのまま動きにつなげられます。もちろん、「サッ！」「バッ！」を気のない感じで言うのと、本当にそんな感じで言うのとでは、伝わるものは変わります。

そして、ここが非常に重要なポイントになるのですが、「サッ！」「バッ！」を「本当にそんな感じで言えるかどうか？」なのです。どういうことかといいますと、「サッ！」「バッ！」に対する身体感覚が弱い場合、本当にそんな感じで言うことが難しい、うまく言えなかったりします。試しに、のんび〜りした人か弱〜い感じの人にこの言葉を言ってもらうとわかると思います。自分の中にない音は出せない。それはイコール、そういった動きができないということなのです。

もう一つ例を見てみましょう。赤ちゃんをあやす「あぶぶぶぅ～」「○○ちゃん、かわいいでちゅねぇ～」といった言葉、本当に上手に赤ちゃんが喜びそうに言える人と、口にすることすらできない、口に出せても文字を読んでいるだけのような感じになってしまう人といますよね？　言えない人は大抵、硬い雰囲気を持っています。赤ちゃんの持つ柔らかさからほど遠いところにいるわけですが、単に身体が硬い感じというだけでなく、心にも硬さを感じると思います。

そもそも、「サッ！」「バッ！」でも、「あぶぶぶぅ～」「○○ちゃん、かわいいでちゅねぇ～」でも、動き（顔の表情も含めて）を伴わずに言うのは難しいですよね？　動かず表情も変えずに言ってみてください。できませんよね？（できるようになることは目的ではありませんが、芸にはなると思います。笑）

ちなみに、「サッ！」と「バッ！」を本当にそれらしく言おうとしても、この二つが全く同じ感じの音になるようでしたら、それはその方にとって「サッ！」と「バッ！」は同じということです。動きの種類・引き出しがその分だけ少ないということになります。身体表現・演技の世界の立場から見ますと、動きの語彙・質感が貧弱といったことになります。

素早く動く

〈サッ!と動く〉

写真右「サッ!と」と写真左「バッ!と」の違いで、目につくのは上半身であろう。「サッ!と」は最初から最後までほぼ同じ感じで静かなまま。「バッ!と」では、②で大きく変化していて、意思の力が見え、勢いを感じさせる。「素早く動け!」と言われたとき、(無意識であっても)どんな音でイメージするかで、このように実際の動きに違いが出る。

〈バッ!と動く〉

言葉は身体を分解し、音は身体を一つにする

音と身体はこのように密接なつながりがあります。身体は生きている限り無音にはなりません。特に身体を動かす際には音に対する意識のあるなしに関係なく、必ずその人の中で鳴っている音通りの動きになります。ということは、中途でもいいいましたように、いい音のイメージを持って動きますと、今まで難しかったものでもできてしまう可能性が高まるということです。できていると思っていた動きでも、さらに質の高い動きにできるということです。

動きのことをいろいろ言われると、ますます動けなくなるのは、脳ばかりが働いてしまい（動きのことを言葉で考えてしまい）、身体を動かす音を鳴らすことができなくなるからです。動きを言語情報で捉えてしまいますと、部分的な動きの組み合わせになってしまい、全体のまとまりは決して生まれませんが、音は身体全体を一つのものとしてまとめ上げてくれるので、動きが自然なものになるのです。

ですから、音を心の中で鳴らす際に重要なことは、言語的なものではなくその質感になります。といって、口に出して言える必要はありません。実際に出せる音はどうしても制限がありますし、出そうとすることで肝心の動きではなく、声のほうに意識が行き過ぎて

は本末転倒になってしまいます。イメージでいいのです。

「どれだけ豊かな質感を持った音をイメージで鳴らせるか？」です。これがどの程度うまくいっているかは、結局動きに現れますから、動きに反映されていないようならば、それはイメージではなく脳内での「妄想」になります。イメージは身体と結びついて初めてイメージとなります。身体から離れたところでのイメージは妄想です。

良い音をいかに生み出すか？

つまり、イメージとはいえ、結局は身体あってのことです。身体がこれまでにどこかで受け取ってきたものが、イメージになり得るということです。身体が受け取る力はとても大きく、例えば歌、発声時の音程を先生の声の音程に合わせようとすると、自分一人では難しかったものができるようになります。外国語の発音練習も同じですね。音声だけを頼りにしますと難しいですが、面と向かっているとやりやすい。自分の身体が相手の生の身体から発信されるものを全て受け取れるからだと思います。音声だけのように機械を通しますと、単なる情報が届くだけで体験にならないということだと思います。

もちろんこれは、声に限らず身体を動かすもの全てにいえます。良い見本を目の前で生で見て練習するのと、そうでないのとでは全く成果が違ってきます。皆さんもご経験があるかと思います。自分一人では探り出せない自分の身体（機能）が、こうした他人の身体という外部からの刺激によって掘り起こされるのです。またそれがイメージを豊かにすることにつながってくるわけです。

さらに、イメージには心の問題も絡んできます。例えば、激しい感じのものに対する嫌悪感・拒絶感を持っていますと、自分の身体を激しく動かすことを無意識に拒んでしまいます。ですから、身体動作以前に自分の心の中に激しさを認める・受け入れることが大事になってきたりします。優しさ・柔らかさも同様です。

さて、この音感覚はさらに、音をどう届けるか……どこまで届けるか？　空間にどういったライン、広がりで届けるか？　というイメージが重要なこともあります。直線的か山なり（放物線状）か？　ポイントなのか広がりを持つのか？　音をビジュアルで捉えることで、より身体感覚が磨かれます。

アートマイムにみる音の質感の違い

❶「膝をついた姿勢で上を見上げている」

２枚の写真の人物が、どんな声のトーンで言葉を発しているか？
見上げている空間の広さ、高さにどんな違いがあるか？

写真左の人物の声は、柔らかさのある女性的な声で、息を吸いながら発しているような雰囲気である。一方で、写真右の人物の声は、肚からの低く太い男性的な声で、息を吐きながら発している感じがするであろう。そのため、空間の重さが左に比べ右では、かなりの重みを感じるのではないだろうか？　これはポーズの違いではない。形を変えても音が変わらなければ、印象は変わらず、それは体の中が変わっていないということである。

❷「脚が交差して歩を進めている姿」

両者の雰囲気を擬音で表すとどんな感じになるか？
手先の醸し出す雰囲気を音で表したとき、全体を表す音との関係はどうか？

写真左の人物が携えている音は「ぐうっ！」であろうか？　体幹でも、踏み込んでいる脚でも、手・腕でも、同じ音がする。一方、写真右の人物の音は、濁音のない消えかかりそうな音を感じるのではないだろうか？　体幹も支えている脚も、手先・腕も。写真左を力みで行ったり、写真右をただ脱力で行ったのでは、違った音となり、印象が全く変わってしまう。

アートマイムにみる音の質感の違い

❸「立った状態で上を見上げたような姿」

２枚の写真の人物が、どんな声のトーンで言葉を発しているか？
その声は、それぞれどこに向かっているか？

写真左の人物の声は、肉体も意思も力を感じさせ、天に向かって「我ここにあり」といった宣言をしているかのようである。写真右の人物の声は、意思を感じさせない、自分という存在が天に吸い取られているような、声にならない声であろう。
写真左を意思ばかりで行うと、上半身が強く下半身が弱くなり、力強い宣言にならず、浮ついた感じになるであろう。一方、写真右で肚から足元へのエネルギーが弱ければ、ただの浮ついた感じになり、「天」は見えてこなくなる。

音と音とのつながり

最後に。ここでお話ししてきた音感覚で使う音は、基本的には音楽ではありません。全体のリズムという意味では、音楽的な感じもありますが、前述の「サッ！」「バッ！」のような一つひとつの音の質感が一番のポイントです。また、音と音のつながり方をどうするか？　ということも大事になります。

前章で紹介しました「トーラス呼吸」で、吐く／吸うの切り替えの際にエネルギーが最大になるようにすること。呼吸の切り替えを見えないようにするとお伝えしましたが、こういったところが、音と音のつなぎ目として、すっと消えてしまう瞬間が生じないようにといったことですね。ちなみに、「トーラス呼吸」ではうねるような音になります。

ぜひ、「自分がどんな音でいるのか？　動いているのか？」思いを馳せてみていただければと思います。■

第10章

ゾーンの鍵は、空間支配を生み出す「体性感覚」！

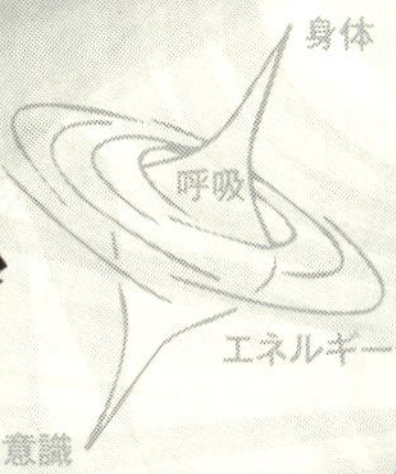

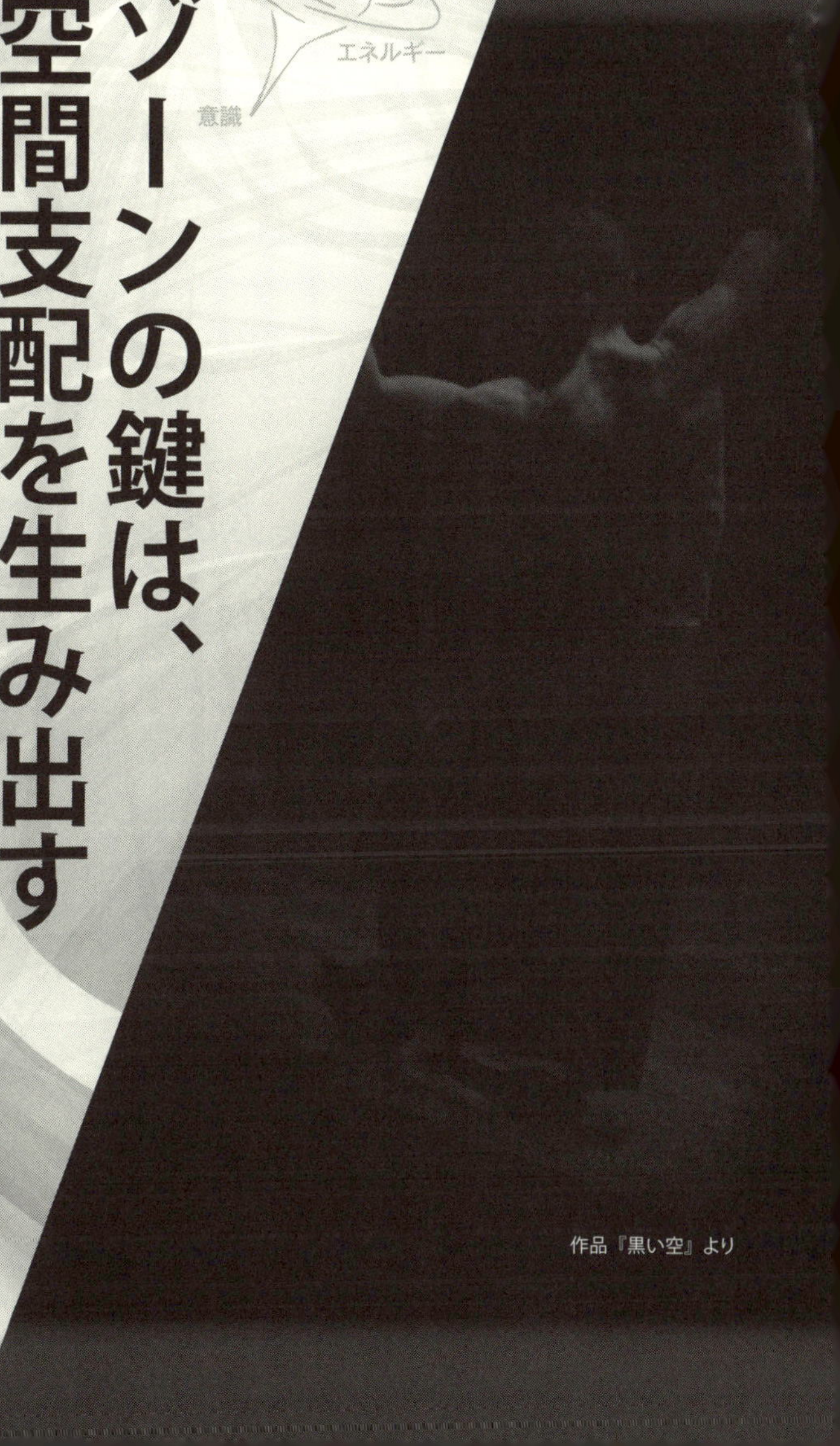

作品『黒い空』より

「ゾーン」「フロー」状態

動きの訓練をする上で最も重要なこと、目指すべきことは、〝エネルギーの流れに身を乗せられるようにすること〟です。細かな部位毎の動きはあくまで、その助けです。「ゾーン」「フロー」という言葉をお聞きになったことがあると思います。自分であって自分ではないような感覚の下、超越的なパフォーマンスを発揮している状態といったらいいでしょうか？　時間も空間も全てが自分と溶け合ったような、やっていることの熱量とは対照的な静けさを伴って、自分が何かをしているというよりも、何かに導かれて全てがうまくいっているのを、見届けているような……言葉だけで聞きますと、およそ神がかった状態ですね。

本章は、そのカギは体性感覚にあるというお話です。その体性感覚についての直接的な内容は後述するとしまして、「ゾーン」「フロー」状態とは、言い換えますとエネルギーが滞りなく流れ続けている状態になります。そこで「思考がエネルギーの流れをせき止めてしまう」ということについて見ていくことで、エネルギーの流れを阻害する要因を取り除き、「ゾーン」「フロー」状態に入りやすくする方法をお話ししていきたいと思います。

思考を働かせますと、脳から身体への一方的な信号・情報だけが流れることになります。けれど、私たちが動いているときには、身体からの信号・情報も脳に届くことで、動きが調整されています。第1章でお伝えした「受信力」ですが、思考がその働きを阻害してしまうんですね。「発信力」と「受信力」双方向で働くべきものが一方向だけになってしまうわけです。

よく聞く話に「勝利を意識した瞬間、崩れた」といったものがあるかと思います。それまでエネルギーの流れに乗っていたけれど、欲が出た瞬間（不安のときもあるでしょう）、エネルギーに滞りが生じたということですね。これは、脳に欲や不安が浮かんだために、身体からの信号・情報を脳が受け取り損ねたと考えていいと思います。

これを、エゴと考えるとわかりやすいかと思います。欲も不安もエゴの表れです。「思考がエネルギーの流れをせき止めてしまう」とは「エゴがエネルギーの流れをせき止めてしまう」ともいえるわけです。

運動でも音楽でも表現でも、必ず身体を動かしているわけですが、そのとき自分の身体が「どう動いているか？」を知り（感じ）続けることは、とても重要なのですが、私たちはどうしても「どう動かそうか？」になってしまいます。これは、先述の身体からの信号・情報が脳に届くようにする「受信力」を阻害する行為、脳から身体への一方的な信号・情報だけを流そうとする行為「発信力」だけになってしまうということです。

しかも、このとき、どうしても部分的な動きについてしか考えられません。「どう動か

エゴがせき止めるエネルギーの流れ

◎発信力

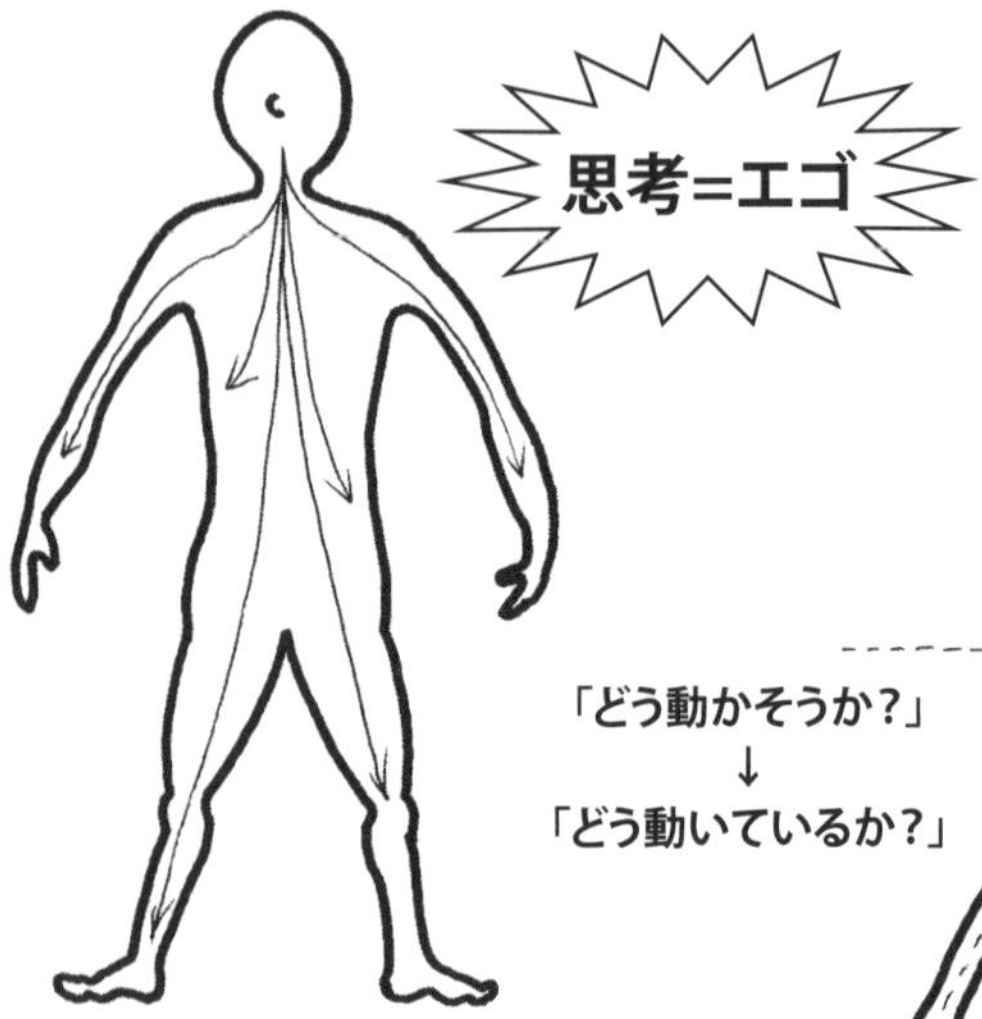

◎受信力

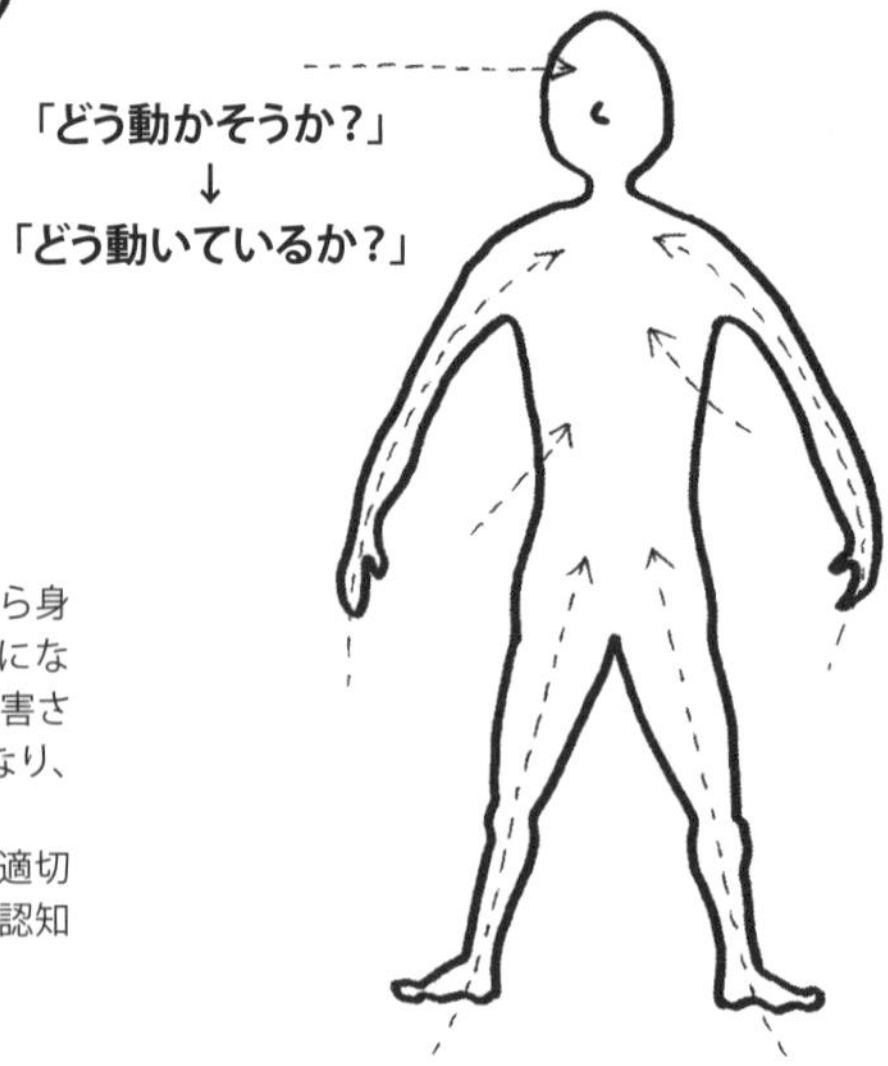

「どう動かそうか？」では、脳から身体への指示という「発信」だけになり、身体からの情報「受信」が阻害され、エゴを押しつけた動作となり、エネルギーの流れに乗れない。
重要なことは、「受信」に対する適切な反応「どう動いているか？」の認知である。

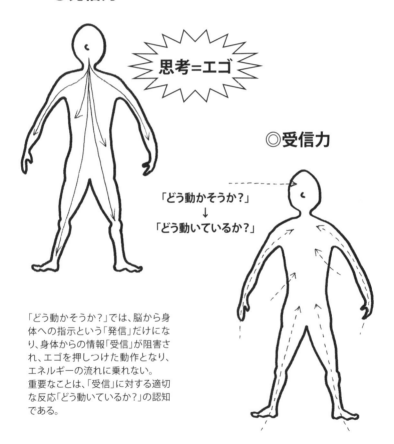

そうか？」と思考を働かせているわけですが、思考というのは、全体から部分を抜き出すことでしか成り立ちません。全体という漠然としたものを何らかの指標に基づいて分けることで、理解しやすい状態にしているんですね。ですから、動きを考えようとしたとき、自ずと理解しやすいように分解してしまっています。

本来私たちの動きは3次元・立体的なのですが、頭で理解・納得するのは難しいものです。Z軸をないことにして、X－Y軸だけで考えたほうがわかりやすい。さらに、実際にはどこかの骨が3次元で動くとき隣接した骨も3次元で動き、そのまた隣接した骨も3次元でとなるわけですから、思考は追いつきません。「どう動かそうか？」では思いとは裏腹に結局のところ、身体から離れてしまうのです。

より良いパフォーマンスをと思うからこそ「どう動かそうか？」となるわけですが、考えるのは良くないからといって、単純に考えないようにすればいいというものでもありません。思考にしても感情にしても、考えることを止めよう、そう感じないようにしようと、それ自体をストップさせようとすることはオススメできません。

思考も感情もストップさせようとしますと、かえってそこに意識が向いてしまいます。禁煙・禁酒をしようとして、むしろ普段以上にタバコやお酒のことを意識してしまうようなものですね。止めようとするのではなく、結果として止んでいたという状態にしたほうがいいわけです。そこでカギになりますのが、冒頭の「体性感覚」になります。

体性感覚に目を向ける

体性感覚とは「皮膚感覚、深部感覚、内臓感覚」を指します（内臓感覚を除外する場合も）。視覚や聴覚といった特殊感覚と異なり、この感覚器は皮膚・筋肉・腱・関節・内臓の壁そのものに含まれます。

体性感覚に目を向けるということは、身体から脳への信号・情報がより多く伝わるようにするということです。それはまた、〝今この瞬間〟に目を向けることになります。瞑想では呼吸に目を向けるということがありますが、同じ意味合いですね。瞑想中に邪念、雑念といわれるものが生じたとき、それは身体（呼吸）から離れているわけですね。

体性感覚によって自分に何が起きているかを感じ取り続けることで、身体を脳（思考）で支配している状態から、身体自身に任せるようにするわけです。思考を弱めてエネルギーを流れやすくするのです。そもそも、「ゾーン」「フロー」というのは、瞑想状態で活発な活動ができていることをいうのだと私は思います。

JIDAI メソッド 1

◎背骨の縦波運動＋膝の上げ下げ

上半身（背骨）を波のように動かしながら（難しければ、胸の突き出しと背中を丸めることを繰り返す）、膝を交互に上げ下げする。この際、上半身と脚のリズムを合わせず、上半身の波を数回行う中で膝の上げ下げは1回とする。その際、膝が上下の揺れを起こさぬよう滑らかに。「受信力」「発信力」のバランス・精度を高めつつ、骨盤と脚の分離が主な目的。

JIDAI メソッド 2

◎首回し
＋
上体上げ下げ

首は大きく回しながら、上体を真っすぐにしたまま上げ下げする。上体を下げながら首は数回回すといったように、リズムをずらすこと。ただし、首も上体もそれぞれが一定のスピードを保つこと。首はきちんと回っているか意識すること。

首を回すことで、上体が揺れやすくなるが、決して揺れないように静かに上下させる。頭が動くと途端に身体の制御力が下がるが、それを防ぐと同時に、結果として頭（目線）の水平をいつでもキープする力がつく。

◎前腕回内外
＋
リズムずらし歩行

真っ平らにした手の平を内・外と交互に（左右互い違いに）向きを変える。リズムは素早くかつ１回毎にしっかりと止める。カッ！カッ！カッ！という感じ。これを行いながら、膝はゆっくりかつ一定のスピードで上げては下ろし、まっすぐ歩いていく。腕全体は肘を肩の高さに保ち、前腕は垂直を保つこと。

手の動きのリズムと脚のリズムが、互いの違いにとらわれずに、正確な動きをし続けられるようにする。

❶

❷

❸

❹

さてここで、その瞑想ですが、瞑想自体がなんだか難しそうな上に、静かに黙って行う瞑想を活発な活動をしながら行うなんて、到底できそうにない感じがしますよね。瞑想状態とはエゴのない状態ですが、ここでは、エゴについて難しく考えずに「エゴとは力みとして現れるもの」と思ってください。

「やってやろう」「もっと」「足りないのでは?」というのが力みを生み出してしまいます。力みは全てエゴの現れ。また、「やり過ぎでは?」「力まないように」という緩ませ過ぎ、過剰な脱力もエゴです。要するに、強過ぎ弱過ぎともに過度な筋肉の使い方というのは、それが意識的であるかないかにかかわらず、その人のエゴの現れと考えるのです。

例えば、脱力の重要性がいわれますが、それは大抵どうしても余計な筋力を使ってしまっている、つまりエゴの割合が大きいので、それをやめましょう、エゴから離れましょうということだとも考えられます。ですが、脱力しようとし過ぎるあまり、必要な力まで使うことができなくなることはよくあります。そのうち、力を使うことに罪悪感さえ覚えるようになる。これはエゴを出し過ぎているのをやめて、出さないようにしようという別の意味でエゴが強く働いていると言えます。これではエゴとの戦いが終わりません。

ですから、エゴをなくそう、瞑想状態でいようといったことではなく、先述したように結果としてそういった状態になるようにしたいのです。そして、そういった状態でも思うように動き続けられるようにする訓練が必要です。エネルギーの流れに身を乗せられるようにする訓練ですね。普段の練習の仕方を間違いますと、その状態、ゾーンに入れても、あっという間に不必要な筋収縮といった身体の反応によって現実（エゴ・思考）に引き戻されてしまいます。

重要なのは「適切な反応ができる（＝受信力の高さと適切な発信力）身体でいる」ことです。単純に練習に瞑想の時間を取り入れればいいということではありません。あるいは、適切な反応のためにと反復練習を重視することもあると思いますが、実践の場での状況は常に初めての状況になりますから、固定的な反応の練習になってしまわぬよう、未知の状況に対して適切な反応が生まれることを目指した練習が必要になります。それこそがゾーンに入っている意味です。だからこそ普段の稽古から、身体から脳への情報をしっかり受けられる力、体性感覚を磨いていくことが重要になるのです。

セルフ整体運動のススメ！

では、「体性感覚の感度はどうしたら高まるのか？」ですが、取り組みやすいものとして〝セルフ整体運動〟を挙げたいと思います。

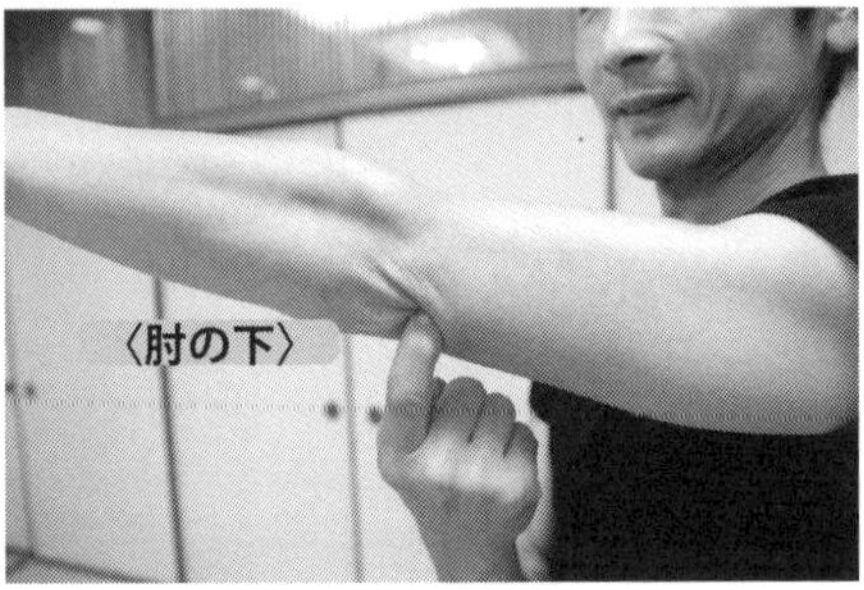

肘頭と上腕骨のつなぎ目は少し窪んでいるので、その穴のようなところを下から手で支え、腕の重みをのせて肘の曲げ伸ばしを行う。曲げたときは手の平を後ろ（下）向きに、伸ばしたときは下向きに。5～6回で十分。片方だけ行った後に、両腕同時に肘の曲げ伸ばしを行うと、効果がわかる。

「セルフ整体運動」——触れて感じる“秘穴”

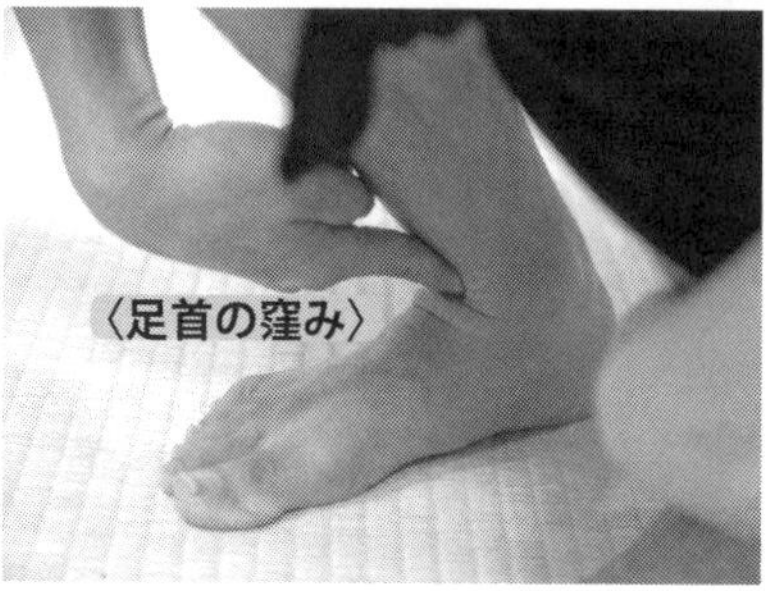

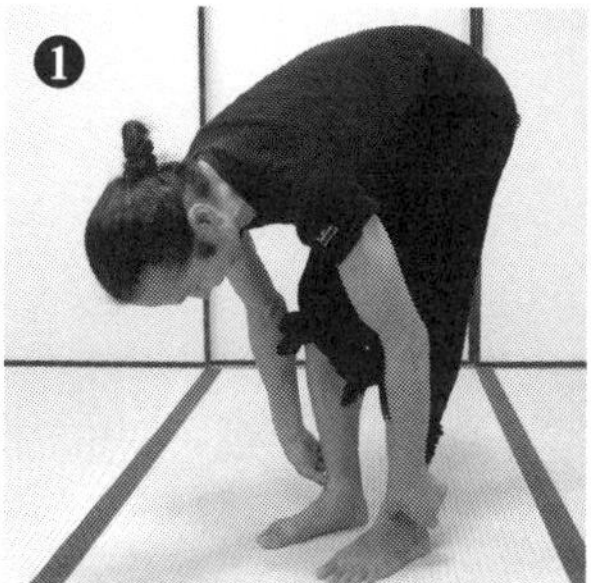

足首のほぼ真ん中、腱と腱の間に大きな窪みがあるので、その穴に親指を押し入れたまま、しゃがんだりお尻を上げたりする。その際、指に触れている腱が、ピクッ!と反応しないようにする。

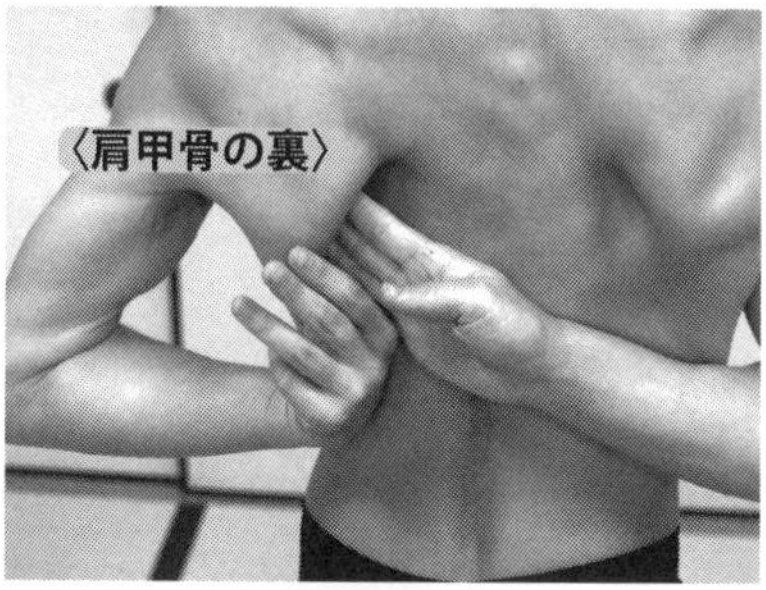

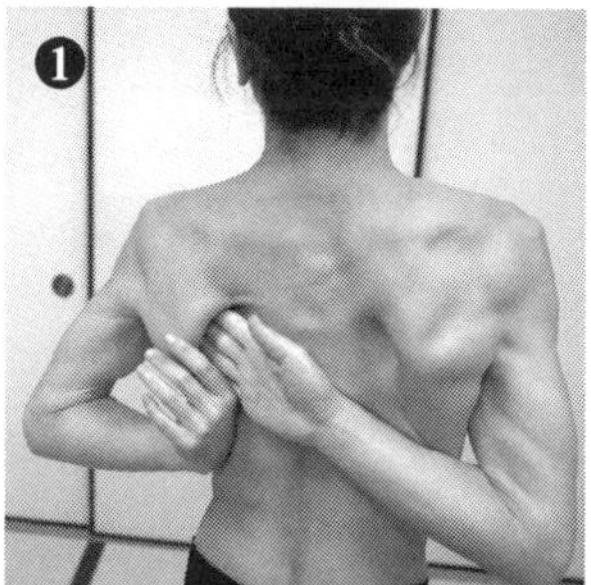

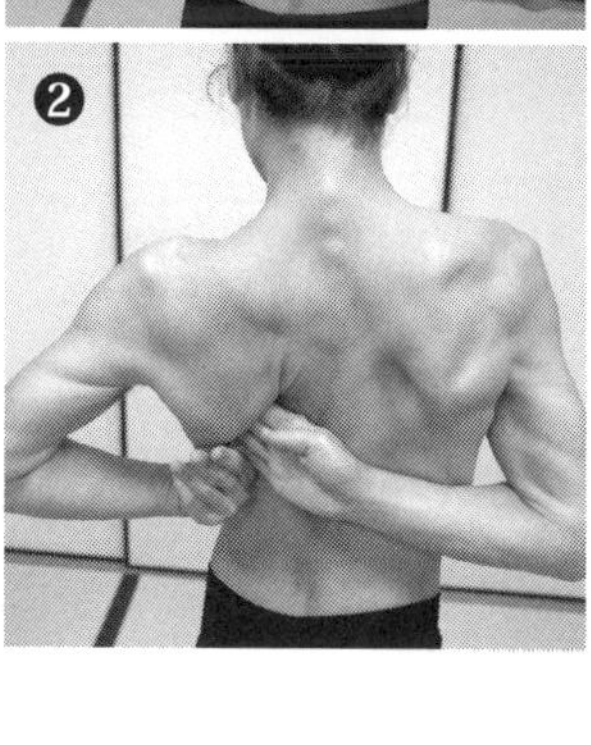

肩甲骨の裏に指をできるだけ深く差し込んだまま、肩を大きく後ろ回しする。指が押し出されないように。写真では左手の親指も肩甲骨の裏に差し込んでいる。

リハビリでは動かなくなった腕や脚などを、誰かにさすってもらったり動かしてもらったりしていくことで感覚を蘇らせるように、外部からの刺激は重要な要素になります。もちろん、自分の動きを注意深く観察するように感じ取っていくことだけでも、かなりの力にはなりますし、それなくしては何も始まりません。けれど、感じ取るというのは思うほど簡単ではありません。身体の使い方に熱心な方は骨格や筋肉などの解剖図で勉強されるかと思うのですが、そこに描かれている図・絵と自分の身体との一致感は、なかなか持てないのではないでしょうか？　どうしても、その図・絵は脳の中、身体から離れたところに浮いているような感じになってしまうと思うのです。

そこで、セルフ整体運動です。ちなみにセルフ整体運動とは、自分で自分の身体のどこかに触れながら、あるいは圧をかけながら、その箇所に関わる部位を動かすものです。ごく一般的なものでは、大転子に触れながら腰を回したりといったものがありますが、筋肉と筋肉の境目や関節の窪み、骨自体といったところに触れます。

それでは、セルフ整体運動の利点です。

①触れられることで、その箇所が目覚める。緩まる。

②触れ方・圧力のかけ方を学べる。触れている箇所より先（深く）をイメージする力、触

れて感じるという力を高められる。

③より緩まるようにと触れられている側が探りながら（触れる側でその変化を感じ取る）動くことで、微細な動きへの感度が高まる。

④触れて動くと、思わぬところで筋肉に力を入れていることや、左右の違いなどもはっきりとわかるため、動きを修正しやすい。どう意識するとどう身体が反応するのか、何が起きるのかを逐一感じ取りながら動くことになるので、結果的に全身の神経を総動員させることになる。

⑤解剖図を身体自身が見ているような感覚が身につく。

一つ目以外は全て、セルフでないと得られないものですね。これらの感覚がスピード・パワーのある動きをする際にも、無意識レベルで役立つことになります。身体自身の自己判断・自己調整力が高まるわけです（セルフ整体運動を静かに行うだけでなく、トレーニング的動作にも組み入れることは必要です）。

また、秘訣という言い方がありますが、触れるべき境目や窪みは指がスッとはまる〝穴〟という感じであることが多く、この穴が機能してくれるように動くことが、いい動きを生み出す秘訣になります。〝秘穴《ひけつ》〟ですね。

身体と空間の一体感

最後に。磨かれた体性感覚を実践の場で活かすために、もう一つ大事なことがあります。セルフ整体運動などで自分の身体を感じ取りながら動くとき、目を閉じないことです。目を開けて、目に力を入れずに、目に周囲の景色が映っているということを認識しながら動くのです。自分の身体・動きを感じようとしますと、つい目を閉じてしまいますが、目から入ってくる情報を認識はしつつ振り回されずに（視覚情報の影響力は大きいですから、そこをコントロールできないと、目を開けていざ実践というときに、振り回されてしまいます）、身体の感覚と向き合える力を身につけたいのです。

こうしたトレーニングを続けますと、空間に対する感覚が変わってきます。自分の身体と空間に一体感を覚えるようになります。体性感覚と合わせて、視感覚の扱いが身体自身の統合、身体と精神の統合、身体と外部空間との統合を導いてくれるのです。これは、直接触れることのできないところに触れる、拡張された身体を獲得するという意味でも、「ゾーン」「フロー」には欠かせません。

まずは、いろいろとセルフ整体を試してみて、どういった変化を感じられるか？　探っていただければと思います。■

第11章

感情のコントロールは身体のコントロール

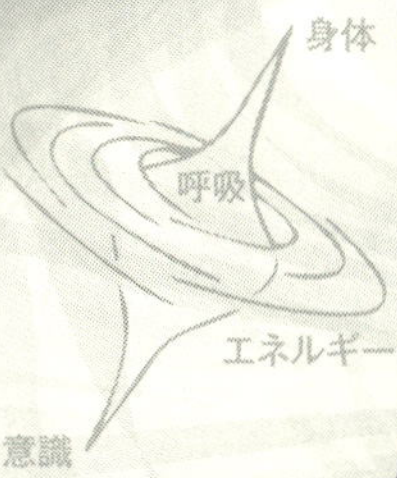

作品『崩滅』より

感情とは身体そのもの

前章では身体をどう動かすかといったことではなく、「ゾーン」「フロー」状態に入りやすくする方法をお伝えしましたが、やはり精神論的なものではなく、身体との向き合い方でしたね。私は身体・動くということに向き合っていると、自然に内面と向き合うようになると思っています。内面の問題を抜きに身体と向き合っているのは片手落ちであり、同様に、身体の問題を抜きに内面の問題は語れないと考えています。

さて本章は「感情」がテーマになります。感情もやはり身体から離れることはありません。むしろ〝感情とは身体そのものである〟というお話です。

なにしろ感情をコントロールできませんと、良いパフォーマンスは達成できませんよね? いくら身体の使い方を良くしても、それを発揮するには内面の問題は避けて通れません。前章の「ゾーン」「フロー」も感情・内面のコントロールではあるのですが、感情と身体との結びつきの理解を深めていくことで、感情とのつき合い方に良いものがもたらされればと思います。

そもそも、「感情をコントロール」といいますと、なんだか感情が悪いものであるかのような印象ですが、感情は生命のエネルギーです。心のエネルギーです。良し悪しは、そ

アートマイムと感情

アートマイムでは「“私”が感情を表現する」のではなく、「感情そのものになる」ことが求められる。そこでは、「感情とは個人にべったり貼りついたものとして生じるのではなく、自分の外にあるエネルギーでありながら、個人の身体を通して初めて現れる」との考えから、身体エネルギーの純度の高さが極めて重要となる。
これは“個”を超えた“普遍的存在”としての感情となり、表現が押しつけではなく、浸透する力を持つようになる。なぜなら、その表現された感情は観客自身の体験になるからである。

れを判断する基準次第です。ですから、身体の使い方に目を向けるのと同じように、感情とのつき合い方にも目を向けるといった感じで、視点を増やしていただければと思います。

また、これを読んでくださっている方の中には、表現者の方もいらっしゃると思いますので、感情表現をより豊かに、より深くするとはどういうことなのかの参考になればと思います。

自ら感情を生み出す

感情というものは、普段の生活の中では自然に生まれるものであって、故意に生み出せるものではありませんよね。何もないところで、怒って、悲しんでといわれて、真似ごとはできても、本当に怒りを感じたり悲しみを感じるのは難しいですし、普通はそんな必要もありません。

けれど私は、身体表現者として舞台に立っていまして、真似ごとではない本当の感情を故意に生み出すことなくしては成立しませんし、それが十分可能であり、個人的ではない方法があるからこそまた指導もし、生徒もできるようになっていくわけです。

ここでは、身体と感情との関係性について、舞台表現者としての実践・指導という立場から、一般とは逆のアプローチで迫ってみたいと思います。それは、「生まれてきた感情を観察する」のではなく、「自ら感情を生み出すことから見えてくるものがある」ということです。

普段私たちが慣れ親しんでいる自然に生まれるものとしての感情ではなく、故意に生み出される感情が、感情として成立するところに、感情が感情として独立して存在するのではなく、身体と密接なつながりがあることを教えてくれる。さらに、この故意に感情を生み出すという、一見特殊なことが、実は、日常での自然に生まれる感情とのつき合い方にも、大きな影響がある。そんなお話です。

自然に起こる身体運動

そこでまず「ジェスチャー」のお話を。ジェスチャーが成り立つ要因に、感情と身体の結びつきを考える上で大きな意味があります。例えば、両手を頭上に高々と上げて「バンザーイ！」と喜びますが、バンザイという言葉はともかく、人種や年齢、性別にかかわらず、喜びとともに、手を上げる行為は広く見られます。喜びのエネルギーがそうさせるからです。バンザイのポーズが先にあるのではないのです（ジェスチャーが安っぽくなるのは、エネルギー抜きでそのポーズだけを行ってしまうからです）。

うれしいときに飛び跳ねるのもそうですが、喜びのエネルギーというものは、誰にとっても下から上へと昇るものということであり、バンザイ!のように、ある特定の動作がジェスチャーとして成立するということは、取りも直さず、万人が共通に持っている身体感覚が存在するということなのです。

この身体感覚、エネルギーの流れを利用することで、例えば、気分が落ち込んでいるときに、バンザイ！のような勢いで両手を何度か上げていると、自然と元気が取り戻せる。一時的なものにせよ、そういった効果は広く認められるところだと思います。

ですから、例えば、悲しみでうなだれるのも、エネルギーがそうさせるのであって、ジェスチャーとして人に見せるためではなく自然に起こる運動（身体動作）なわけであり、やはり、逆のアプローチとして、たとえ悲しくなくてもうなだれていると、だんだん元気がなくなっていったりするのです。

自分の外にある感情エネルギー

このように、私たち人間には、人種や年齢、性別を超えて、内面の状態と身体動作との間に密接なつながりが見られます。また、身体動作というわかりやすく目に見えるものだけでなく、身体組織編成（皮膚・血液・内外分泌液・筋肉の弛緩や収縮など）の変化……動作としてではなく空気感というような（表現者にとって極めて重要な要素として私は「身体の質感」と呼びます）ものの変化も見られます。

内面の状態、感情という心の働きが、身体から切り離されて抽象的に存在するのではなく、身体に影響を及ぼすエネルギーとして、まずあるのだと考えられるわけです。

「まずある」……私の言い方では「宇宙に遍在している」になります。感情というものが、私たち人間としての個人の中にあるのではなく、私たちの外側、私たちの与り知れぬところ、宇宙という言い方になるところにあり、その感情エネルギーが身体を通して現れたとき、つまり身体組織編成に変化を起こしたとき、それを喜びや悲しみとして私たちの脳が認識する、と私はそのように考えています。

ですから、変な言い方ですが、「まずある」「宇宙に遍在している」といいましても、あ

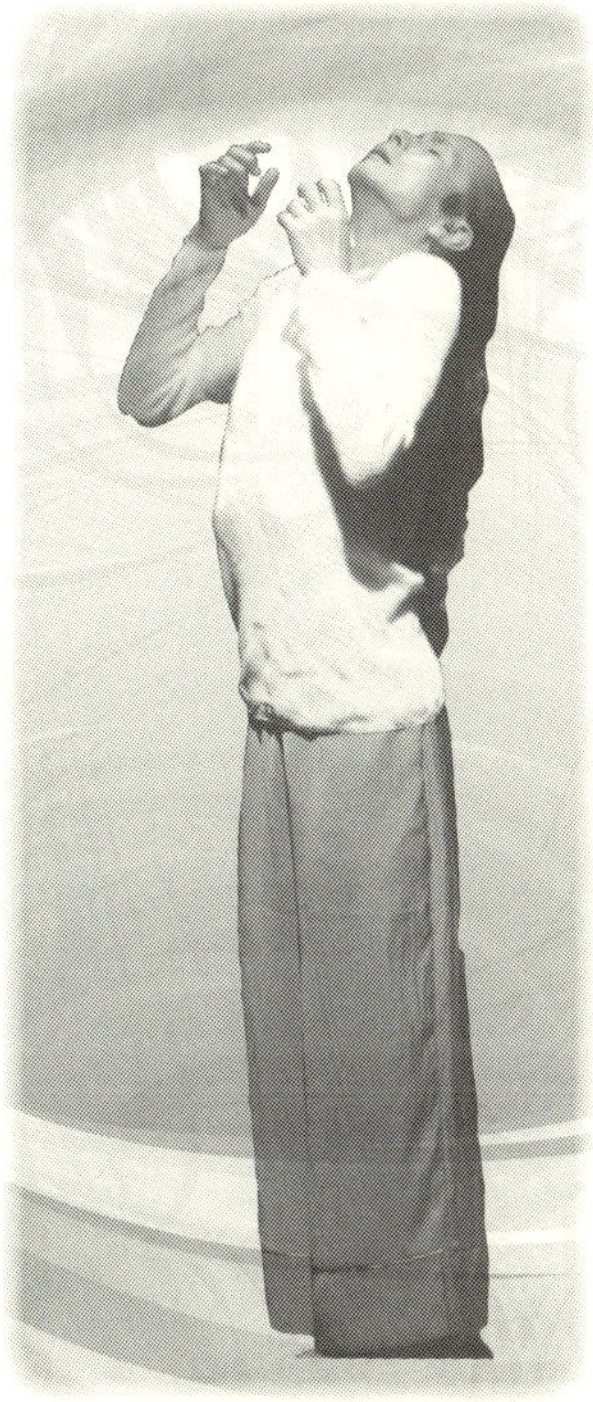

くまで、私たちの身体を通ったとき、初めて存在が確認されるものです。それは、電球の光がスイッチを入れて初めて生まれることと電気との関係のようなものかもしれません。電気自体が光るわけではなく、また電球自体も光と電気の媒介でしかないのと同じことです。

このように、感情とは自分の外にあるエネルギーでありながらも、個人の身体を通して初めて存在することになるものですから、一見、自分の個人的な感情のように感じてしまいます。と同時に、他人の感情も、元は個人の外にある普遍的なものであるからこそ、全くの他人事ではなく、共鳴し得るものになるのでしょう。感情が自分のものであると考えるのか、そうではないと考えるのとでは大きな違いがあると思いませんか？

感情の身体的ワーク

さて、感情のコントロールですが、自分の外側にあるとはいいましても、思考が呼び寄せる力は大きく、日頃の思考癖から見直す必要はあります。しかしそれは一旦おいておき、まずは前章の「ゾーン」でお話ししましたように、思考から離れ瞑想状態で活発に動けるための体性感覚との向き合いです。その上で、身体のコントロールが感情のコントロールでもあると身体で納得していく必要があります。

そこで感情の身体的ワーク『エモーショナル・ボディワーク』についてお話しします。これは「身体」「呼吸」「空間意識」という三つで成り立っています。この三つを同時に働かせることで、感情を作り出します。一般的には感情を生み出す際、過去の経験やその感情が引き起こせるような出来事をイメージしますが、それとは真逆な方法になります。つまり、通常は感情を故意に生み出そうとする場合、「心↓身体」の流れになりますが、このワークでは「身体↓心」となります。

実際にどのようなワークになるか？　簡単なものをご紹介しますので、ぜひ試してみてください。それでは……

重たいものを想定して両手で足元から空高く、思い切り投げ上げます。ジャンプするような感じで。感じが掴めましたら、その重いものが体の中を通って、頭から飛び出していくように行います。そのとき、口角を上げ、目からキラキラとした輝きを放つようにします。どうでしょう？　大喜びをしているような気持ちになりませんでしたか？

喜ぼうとしたわけではありません。それでも、喜びのスイッチが入る感じがあると思います。

JIDAI メソッド『エモーショナル・ボディワーク』

◎重いものを投げ上げる

〈第一ステップ〉

感情を心からではなく身体で創り出すためのワークの一つ（ワークショップでも実際に紹介する最も取り組みやすいもの）である。
第一ステップとして、イメージで足元の重たいものを、体全体を使い頭上高くに思い切り放り投げるようにする。
①のときに、「ふん！」と、しっかり重さを感じて（作って）から投げられると良い。

[redacted]

◎重いものが身体の中を通り、飛び出す

〈第二ステップ〉

第一ステップで行ったことを、ここではその重たいものが身体の中を通り抜け、頭が「パカッ!」と割れて飛び出るようにイメージして行う。

「ふん!」で始まり、投げ上げながら口角を上げ、目をキラキラさせ、頭からパーッと紙吹雪などが放たれ続けるようにする。うまく行えると、大喜びをしているような気持ちになる。少しでもそんな気がすれば、まずは十分。

重要なことは、喜ぼうとしたわけではないにもかかわらず、感情のスイッチが入ったことである。

❶

❹

❷

❸

❺

❻

舞台上にて全身で感情を体感・表現する著者の生徒たち

作品『雨の森で影をすくう』／撮影：Olma Christine

感情を体験する！

ワークショップ後のアンケートをご覧ください（次頁掲載）。

この方法で作り出す感情体験では、感情をありありと感じる一方、それを冷静に見ている、もう一人の自分がいます。それはワーク体験者の〈感情に引きずられることがないので、本当に気持ちがラク〉〈瞑想状態、瞑想後に近い感覚〉という感想にも現れています。能の世阿弥の言葉「離見の見」という、演じている自分を外から客観的に見るという状態にもつながっていきます。

私はこの外から見ているもう一人の自分を「脳の自分」と呼び、感情を生み出している自分を「身体の自分」と呼んでいます。

日常の場では、この二人の自分の境が曖昧になりがちで、それが感情に飲み込まれているという状態ですが、それは「脳の自分」が、その感情が生じた理由として思考エネルギーを注ぎ込み続けてしまう状態です。自分の感情の正当化です。汚れた感情という言い方もできるのではないかと思います。これに対して、感情表出の背景・理由のない『エモーショナル・ボディワーク』での感情体験は、純粋な感情体験といえます。

〈エモーショナル・ボディワーク〉ワークショップ参加者感想

◎

「エモーショナル・ボディワーク」の場合

＜余計なことを考えずにすむのでとても気持ちが良い状態になります。いわゆる瞑想状態、瞑想後に近い感覚です＞

＜同じことを何度やっても、新鮮に感じられる＞

＜自分でも知らない感情を発見できる＞

◎

一般的な感情表現の場合

＜同じことを何度もやると、慣れが出てきやすい＞

＜自分の思い描く役（感情）を超えられない＞

＜生み出される内面状態が考えて作られていたり過去を思い出しているので、何かが足りなかったり、間違っている部分があるように感じます＞

◎

「エモーショナル・ボディワーク」の経験を重ねた結果

＜感情がうまくコントロールできていないときでも、からだのどこが緊張しているかを観察することによって、自分を客観的に見られるようになった＞

＜打ち合わせやプレゼンなどで、以前よりも相手の心に響かせることができるようになった＞

自分という存在＝反応

私たちは身体なしに生きるということは想像ができないと思います。私たちは、自分の存在にどこか欠落感を覚えています。だからこそ「わたし」を探し、「わたし」を確立しようとしますが、「わたし」というのは、絶対的なものとして存在するわけではなく、あくまで相対的な存在です。何かに反応することで、存在しているように感じているだけです。

そして、反応とは、取りも直さず変化です。自分の身体組織編成の変化です。身体の変化を反応と呼び、それは感情と結びつきますから、感情を抜きに身体を扱うことはできません。そして、その感情という抽象的なものに心という抽象的なもので向き合うよりも、身体のコントロールが感情のコントロールにつながるということです。

前章の「ゾーン」と合わせて、まずはできるだけ豊かに感情を動かすことに目を向けていただければと思います。■

第12章

声を出さずとも、声が音として響く身体である必要性

作品『崩滅』より

響く声、響かない声

本書も、いよいよ最終章。最後にお伝えするのは「声」になります。たとえ声を出さずに動く人でも、声が音として響く身体であることが重要というお話です。なぜか？　声とは呼吸の現れであり、自分の意識には上りづらい身体の奥深い繊細なところの状態を、声がその響きで教えてくれるからです（だからこそ、心・内面の現れでもあります）。

声の専門家でなくとも、声を出すにあたってノドを締めては良くない、身体を緊張させては良くないことは想像に難くないと思います。また、アゴが緩やかなほうがいいだろうことも。さらに、お腹の力、つまり息を吐く力も、単に腹筋が強ければいいというのではないことも。姿勢が大事そうなことも。さらに、息が途切れ途切れの声や、弱々しい声ではエネルギーが不足しているだろうことも。

さて、スポーツや武道では、大きな声を出すことを要求されることが多いと思いますが、ここでの声はいわゆる大声ではなく、音として大きく響く声になります。

音として響くといいますのは、楽器をイメージしていただくとわかりやすいと思います。例えば、バイオリン。弦の振動が躯体内部の空気を震わせ、躯体を振動させ増幅して音として広がっていきます。音量は小さくてもしっかり聞こえますね。そして全方向に広がっていきます。

一方、響かない声といいますのは、スピーカーの音のようなもので、音が一方向に直進してしまいます。ですから、スピーカーの後ろでは聞こえづらい。私たちの多くは日常、こういった声で話をしています。小さな声ですと、本当に聞こえなくなる感じですし、大きな声ですと、なんだか喧嘩をしているような感じになりますね。あるいは虚勢を張っているような、自分を誇示しようとしているような……。逆に普段から響く声で話されている人は、ヒソヒソ話は苦手。後ろの人にまで丸聞こえです（笑）。

と、このように「声」とひと言でいっても、随分と違いがあります。響かない声は身体全体ではなくノドから先だけで、身体の〝すきま〟を潰すような使い方になっていて、響く声の場合は、〝すきま〟の中でも特に、副鼻腔・口腔、胸腔、腹腔の三つの空間が使えているのです。第8章でお伝えした呼吸ですね。

そしてこの声の出し方が、そのままその人のパワーの出し方でもあります。大きな声を出そうとして、大声系の、つまり（無意識に）ノドが締まってしまう人は、体を動かす際、スピードやパワーが必要な場面でやはり力みで頑張ってしまいます。一方、響く声で大きく出せる、つまり身体内部の空間を広げ外にエネルギーを出せる人は、スピードやパワーが必要な場面で力みが少ない可能性が高いといえます（可能性が高いといいましたの

声とパワーの出し方

大声を出そうと、無意識にノドが締まってしまう人（写真右）は、体を動かす際、スピードやパワーが必要な場面で力みで頑張ってしまう。
一方、響く声で大きく出せる、つまり身体内部の空間を広げ外にエネルギーを出せる人（写真左）は、スピードやパワーが必要な場面で力みが少ない可能性が高い。

は、声を出すこととスポーツなどで動くことを、つなげていない人もいるからです。潜在力はあるということですね)。

大きな声を出そうとすると、かえって声が小さくなってしまう人がいらっしゃいますが、そういう方は、それこそ声のパワーを上げようとするとき、ノドを締め付け身体全体を力ませて、外に向かわせたいエネルギーを内に向けてしまうわけですから、やはり速い動きやパワーを出すのは苦手になってしまいます。

簡単にまとめますと、「大声は力みやすい体。響く声はエネルギーの通る体」ということになります。

声と空間感覚

このような声は、第9章の「音感覚」にも通じています。どんな音をイメージとして持つかが、動きにそのまま現れるわけですから、大声系のノドからの声しかイメージされないようですと、当然、動きも（小さな動きでも）身体のすきまをつぶして絞り出すように使ってしまいます。響く声がイメージできる身体ですと、すきまが多くリラックスしたまま動けるわけです。またこれは、空間感覚の違いにもつながります。大声系では前面のみ、響く声では後方や下方向を含め、球体状の全方向になります。

ただし、イメージとはあくまで身体的なもので、頭の中だけで想像することではありません。

ですから、エネルギーが通るような形で運動を継続的に行っていますと、声を出す練習はしていなくても、声が良くなるはずです。声が良くならないようであれば、間違ったことをしているということになります（これは声を使わないダンスなど身体表現系では、特に重要な目安になります）。

声を響かせながら動く

ところで、自分の動きの良し悪しの判断は難しいですよね。客観的にと外から眺めるにしましても、鏡越しになりますし、録画映像ではタイムラグが大き過ぎます。しかもその動きが本当にエネルギーの通った動きなのかどうかとなりますと、なおさら自分での判断は難しいものです。それが、声を出しますと、発声時の身体の感覚からはもちろん、耳に届く自分の声の良し悪しとして、非常に客観性の高い指標になります。

また、つい力んでしまうような動作でも、声を出しながら行いますと、力まずにうまくいったりします。力を抜こうと考えても、思考では追いつかない身体の奥深いところや広い範囲にわたって、ただ声を響かせるという一つのことをするだけで、全身の協調性が生まれるということです。本書でずっとお伝えしてきている、〝すきま〟があちこちに生まれ、エネルギーの通りが良くなった証です。

黙々と一生懸命に動くのではなく、声を響かせながら動くことは、おおいに動きを助けてくれます。労働歌という農業や機織りなどの仕事に伴って歌われるものは、動きのリズムや気分を上げるなどの意味だけでなく、力みを減らしてエネルギーの通りの良い状態を保ち続けることをしているのだと考えられます。

逆に、声楽家などの方で、歌いながらでは動きがぎこちなくなるような場合は、やはり身体の使い方に問題があります。発声にエネルギーが向き過ぎてしまい、体に余計な緊張が生まれているのです。一見止まっているように見えても、動きを内在させているほうが、エネルギーが素直に外に流れ、声の感じや発声の感覚も変わってくると思います。

ちなみに、私の主催している「原始歩き同好会」という四足歩行を味わう会（次頁写真参照）では、遠吠えも行うのですが、四足歩行初心者の方などは、黙って四足歩行するよ

「原始歩き」

◎四足歩行と遠吠え

腕・脚で支えず体幹を浮かせ、「頭頂部から尾骨」まで身体を長く使い、地面を蹴らずに、重心移動で進んでいく。その際、遠吠えも行うと、より体幹がまとまり、呼吸とエネルギーが身体の中心ラインを通ることが実感できる。同時に自分の持つ空間が広がる（写真は「趾行型」四足歩行）。

りも、遠吠えしながらのほうが楽になると言います。それは体幹にまとまりができ、身体の中心ラインにエネルギーが通り、腕・脚の余計な力みがとれるからです。第6章で取り上げた「張力」が働くようになったともいえます。また一方で、発声のワークでは、四足歩行あるいは四つん這いのほうが、発声自体の質が上がると多くの方が実感されています。

このように、声を出すことと動くということは密接につながっていますから、どちらかをしているとき、もう一方ができなくなるという状態であれば、その練習はいいとはいえません。別の見方をしますと、ねじったり曲げたりどんな姿勢でも、きつい姿勢などで筋疲労した状態でも、いい響きの声を出せるかどうかが、その動き・形の良し悪しを判断できるということになります。他人からの指摘や知識との照らし合わせではなく、自分の内部感覚が教えてくれます。

躯体内部の三つの空間とエネルギー

それではここで少し、声を響かせる上で大事な身体的要素を一つ。それはお腹の長さです。「お腹を長く使う」ことがとても重要になります。これも第7章「お腹の力」、第8章「呼吸」でお話ししました。声を出すとは息を吐くことですが、お腹に力を入れようと縮めてしまってはいけません。これも実際に声を出すとわかりますが、お腹を縮めますと声の響きが悪くなります。縮めたくなるときほど、お腹に長さを出そうとするのです。そうしますと、身体の奥深いところが機能し始めます。横隔膜が上がり胸郭は下がるという、本来生じてほしい動きが出てきます。そして、おヘソの下、丹田のあたりは決して引っ込めずに、むしろ膨らませようとすることで、お腹には張力が保たれます。

お腹を縮める行為は、内側奥深いところを使わず外側だけで何とかしようとしているということなのです。ですから、お腹を引っ込めて体幹をしっかりさせるという考え方も、無理があるということです。声を出すとはっきりします。エネルギーが通りません。

次に、声が響く躯体内部の空間です。一つ目として、気道からノド・口腔・副鼻腔にかけての概ね「顔の中」の空間があります。そしてその下「胸郭（胸腔）」と、さらに下「腹腔」があります。この三つにできるだけ空間・すきまを作りたいんですね。腹腔はお腹の長さと張力ですが、胸郭につきましては、前頚筋膜の柔らかさ・広さを出すことが役に立ちます。首の付け根から肩にかけて、両サイドにハンモックをかけているような感じです。いわゆる上虚下実ですが、お腹の張りの強さと胸のふんわり感のコントラスト・濃淡が大事になります。

最後三つ目、顔の中ですが、（第2章の「クラゲ立ち」での頭を開くことを前提として）ノドを開きながら副鼻腔と口腔の一体感を作るようにします。こうしますと、アゴが少し広がりながら前に出るような（緩んで落ちる）感じになります。上アゴが後ろに引かれる感じでもあります。これは、宮本武蔵の『五輪書』に出てくる「少しおとがいを出すところ」だと考えられます。同書の「うなじに力を入れて」も、顔の中の空間と声の響きの関係から、自ずとどんな状態かがわかります。いずれにしても、エネルギーの通りが良い状態の現れであり、単なる形ではありません。

外から形を整えることは、何の道筋もない場合にはヒントになりますが、本当の意味は、よほどのセンスの持ち主にしか掴めません。なぜ、その形になるのか？　エネルギーという観点から見る必要があります。形で整えられたものは、形が崩れたとき、機能しなくなります。形の奴隷になってしまっているということです。エネルギーを掴むことができれば、一見崩れた形でも、機能させられます。自由を得ているということです。

響きだけの存在。内と外の一体化

こうして三つの空間がひとつながりの大きな空間となり、バイオリンのようにその響きが外へと全方向に広がる、つまり、エネルギーが自分の内側にとどまらず、外へ流れるということが、動く上で何より重要になります。正しい形・正しい呼吸で動いてるように見えても、それらが機能しない場合、声を外に響かせられない動作になっているということになります。

実際に声を出すとわかりますが、自分の内は即ち外になり、皮膚を境にした自分と外部空間という分離がなくなり、自分という形ある存在が消え、響きだけが存在するような感じになります。空間との一体感です。ですから、自分の出す音（実際には出していなくて

JIDAI メソッド『躯体内部の三つの空間をつなげる』

【横向きの身体を片手で支える】

上下の写真で、首・肩のあたりに注目すると違いがわかる。上は、詰まった感じとなり、筋肉で支え、下では、スッと伸びやかで、骨の構造と張力で支えている。上は重い印象で、下は軽やかな感じが見て取れる。

響く声を発することで、自然と下のような状態に。上は大声系の身体の使い方。

◎躯体内部の空間

口腔など顔の中の空間・胸腔・腹腔という三つの空間が内側から膨らんでいる（内圧）状態を保つようにする（ただし、胸郭上部はゆるみが必要）。

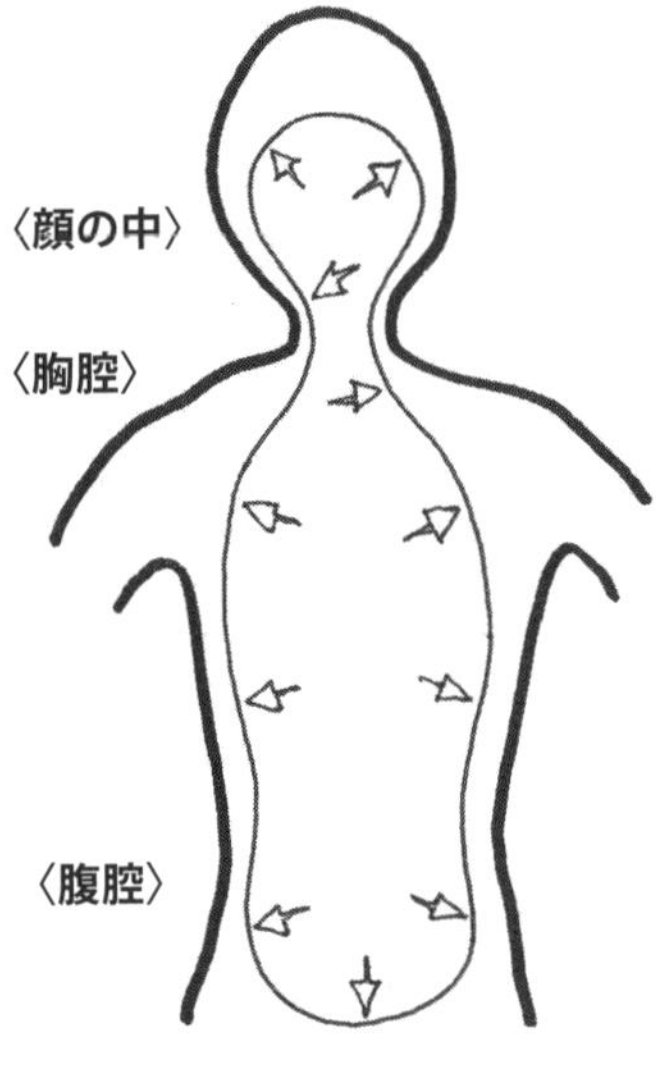

[redacted]

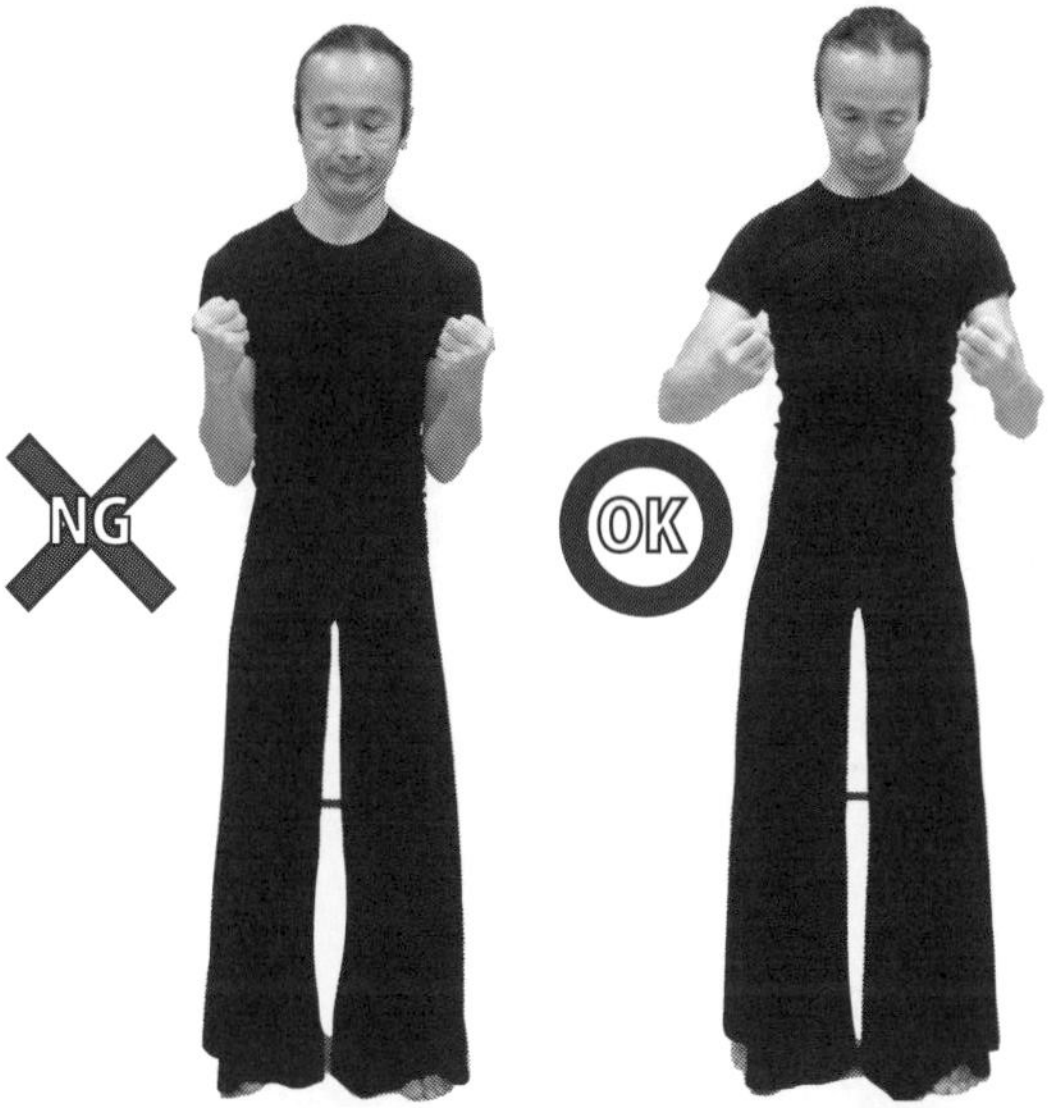

【両手を握り込む】

写真左では、「ウーン!」といった感じで、息を詰め全身を締めるようにしているため、本人は力感を覚えるが、握るパワーは落ちる。写真右では、「アゥオー!」という音を響かせるような身体の使い方が、全身のみならず握る手に張力を生じさせるため、力みがなくなりパワーが上がる。

【片手を握り込む】

大声系の写真左では、腕全体が縮み、肩が上がっているのがわかる。拳に送られるべきパワーの多くが、肩周辺に集まってしまっている。写真右では、拳にまで声を響かせることにより、肩・首がスッとし、腕自体も長くなっており、パワーが素直に拳に集まっている。

も）を、どの程度遠くまで響かせられるかが、その人の持つ空間の大きさになるわけです。

第10章の「ゾーン」での空間支配のお話も、その抽象的な感覚が実際に声を出すことで手触り感を持てるようになります。

ただ、くれぐれも気をつけてください。声を響かせられるようになればいいということではありません。あくまで、声を出さずともその状態であり続けるということです。必ずしも、オペラ歌手がエネルギーの通ったいい動きをできるわけではありません。声と動きを分けて考えてしまえば宝の持ち腐れです。実際に声を音として響かせられるような練習を取り入れ（歌や言葉である必要は全くありません。遠吠えのような「音」がオススメです）、その感覚を動いている間ずっと保つ必要があります。さらに手先足先まで声を通すようにしていきますと、本書で一貫してお伝えしてきたエネルギーというものに、手触りが生まれます。

さて、本書の締めくくりです。身体の使い方はハウツーのように伝えられるものもありますが、その土台となる身体に目を向けませんと、ハウツーをひたすら追いかけることになってしまいます。そのようなハウツー技術を忘れられるようにしていくこと、そういった技術が状況に応じて自然と生まれるような身体を作っていくこと、それが日々の稽古の意味です。

そして、土台となる身体をどんな思想に基づいて作るのかが、極めて重要です。思想の先の枝葉（目に留まる形）がハウツーです。その意味で、身体の土台が違っていれば、実のところハウツーはハウツーにもなりません。

私は日頃「JIDAIメソッド」として〝エネルギー〟をキーワードに伝えております。第1章でお伝えしました「溜められた水」と「川」が流れるようになることとを第一としつつ、溜められる水を多くできるように。読んでくださった方々に、お役に立てるところがあったなら幸いです。ありがとうございました。■

おわりに

本書の内容は私一人で生み出したというよりも、ステファン・ニジャウコフスキ氏が創り上げ、その相方かつ愛弟子であったテリー・プレス氏から学んだ「アートマイム」と、藤間玉佐保氏から学んだ日本舞踊があってのことです。

同時に、私の指導を長年真摯に学んできてくれている生徒、学んでくれる人がいるおかげで日々新しい発見があったからこそです。

さらにこうした書籍化は、心理学者・空手家であり大学時代の後輩でもある湯川進太郎氏が4年前の『月刊秘伝』連載中に対談相手として私を指名してくれたことがその始まりになります。そしてそのとき編集を担当してくださった小川氏がその後も私を後押ししてくださり、「丹田特集号」での丹田記事執筆を経て、武術系の雑誌での身体表現者による連載という異例の企画をしてくださったことで、この一冊が生まれました。

こうして様々な点で私を支えてくださった方々、そして最後まで読んでいただいた読者の皆様にこの場を借りてお礼を申し上げたいと思います。本当にありがとうございました。

著者◎JIDAI

1985年から独学でパントマイムを開始。1996年から約10年、舞台芸術としての（ポーランドの）アートマイムをテリー・プレス氏に師事。それを機に「マイムこそ人生」と活動の幅を広げる。並行して日本舞踊を藤間玉左保氏に師事。14年間にわたる日本で唯一のアートマイム指導を経て、2010年より「JIDAI ORGANIC MIME」主宰となり、2012年「日本アートマイム協会」創立。ポーランド国際マイム芸術祭にはゲストとして6度招聘。身体で紡ぐ詩はときにシュール、ときに恐ろしく、ときに優しい。そんな舞台作品の発表を国内では劇場シアターX（カイ）で定期的に行い、さらに劇場主催の俳優修業「アートマイム塾」での指導にも携わっている。

また、独自の感情表現訓練法「エモーショナル・ボディワーク」や、武術、スポーツ、各種ボディワークの研究を活かした身体の使い方教室、響声ワーク、原始歩きなど、様々な活動を行っている。

◎マイムアーティスト JIDAI
http://jidai9.wixsite.com/jidai

イラスト● JIDAI
本文デザイン● 澤川美代子
装丁デザイン● やなかひでゆき
公演写真協力● Theater X

◎本書は『月刊秘伝』2018年8月号～2019年7月号に連載された「動きの解体新書」をもとに単行本化したものです。

筋力を超えた「張力」で動く！

エネルギーは身体の「すきま」を流れる！動きの本質力向上メソッド

2019年8月 5 日　初版第1刷発行
2023年2月20日　初版第5刷発行
著　者　　JIDAI
発行者　　東口敏郎
発行所　　株式会社BABジャパン
〒151-0073 東京都渋谷区笹塚1-30-11　4・5F
TEL 03-3469-0135　FAX 03-3469-0162
URL http://www.bab.co.jp/
E-mail shop@bab.co.jp
郵便振替 00140-7-116767
印刷・製本　中央精版印刷株式会社

ISBN978-4-8142-0219-5 C2075

BOOK Collection

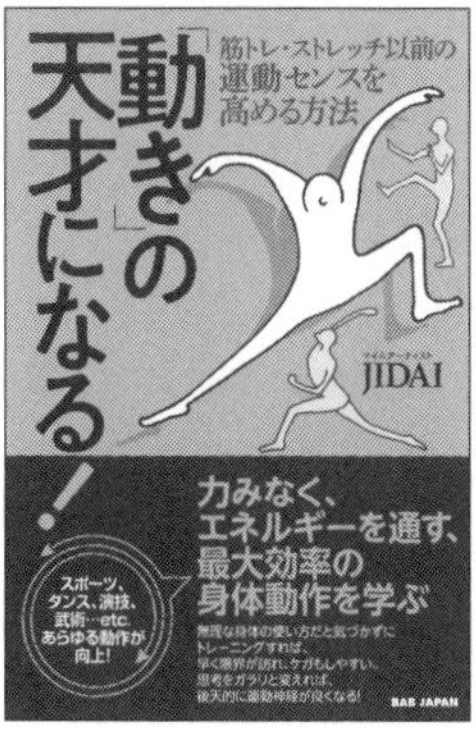

筋トレ・ストレッチ以前の運動センスを高める方法

「動き」の天才になる!

力みなく、エネルギーを通す、
最大効率の身体動作を学ぶ

無理な身体の使い方だと気づかずにトレーニングすれば、早く限界が訪れケガもしやすい。思考をガラリと変えれば、後天的に運動神経が良くなる！エネルギーラインが整った動きは、気持ち良い。語り得なかった“秘伝”をわかりやすく！スポーツ、ダンス、演技、武術…etc .あらゆる動作が向上！

● JIDAI 著　●四六判　● 256 頁　●本体 1,400 円+税

走る・投げる・突く・蹴る・触れる…動作別エネルギーの通し方

運動センスを一瞬で上げる!

“神経回路”が組み替わる!
気持ち良く動き、力も速さもアップ!

アートマイムの探求から辿り着いた、筋力を超える身体動作の極意。あらゆるスポーツ、武術、ダンス、演技を一気に底上げする運動神経の高め方を、具体的に紹介！「動き」の種類別にわかりやすく解説!筋トレ、ストレッチ以前のレベルを高める！

● JIDAI 著　● A5 判　● 232 頁　●本体 1,600 円+税

感情=身体エネルギーで、「思い通り」を超える能力が発現

再創造する天性の「動き」！

最高のパフォーマンスを生む
真の“気持ち良い動き”とは?

言葉を介さずに自己の内面を表現し他者と共有するマイムアーティストである著者が、アートマイムの探求から辿り着いた「感情=身体」のコントロールで、誰もが眠っていた運動センスを開花できる。スポーツ、ダンス、演技、武術…etc.　すべての動作を高める一冊！

● JIDAI 著　●四六判　● 248 頁　●本体 1,400 円+税

BOOK Collection

高岡英夫の「総合呼吸法」呼吸の達人を目指せ!

呼吸五輪書

多様な呼吸法のメカニズムを解明、原理原則と方法論を徹底的に見直し、創始された空前絶後のメソッドが総合呼吸法である。武術雑誌『月刊秘伝』人気連載、待望の書籍化！呼吸法のみを 300 ページ超丸々一冊で語り尽くす、前代未聞の決定版 !! 呼吸法なら、この一冊でコンプリート！

●高岡英夫 著　● A5 判　● 336 頁　●本体 2,000 円+税

日本伝統万能トレーニング

四股鍛錬で作る達人

力士は四股だけでとてつもなく強くなる！その特別な理由とは !? 四股には足を高く差し上げたり、思いっきり踏みつけたりせずとも得られる重大な効果がある。それは、“深層筋に働き、全身を繋ぐ”こと。筋トレのようにわかりやすいトレーニングではないため、なかなか語られなかった四股鍛錬の真相を公開！

●松田哲博 著　●四六判　● 224 頁　●本体 1,500 円+税

伊藤式胴体トレーニング入門

天才・伊藤昇の「胴体力」新装改訂版

稀代の武道家が創出した究極メソッドに武道家、アスリート、ダンサーなど体を動かすプロが注目！無理･無駄のない身体運用で「動きの質」が達人の域に !! 一般人でも明らかに変わる身体機能向上メソッドで、繊細かつスピード、パワーが増大 !! 身体に無理がないから、子どもから高齢者まで使える！

●月刊『秘伝』特別編集　● A5 判　● 240 頁　●本体 1,600 円+税

眠っているところを“無意識的”に活用させる法

五感を活用 カラダは三倍動く!

人間の動きを決めるのは、ほとんどが無意識領域！あなたの身も心も錆びつかせてしまっているのはあまりにも“五感”を使わない生活。五感刺激でからだの眠っているシステムを作動！人間はほとんど“無意識的”に動いています。動きを良くするのも悪くしているのも、実は“無意識領域”のしわざ。“無意識領域”の覚醒で、あなたのカラダは劇的に変わります!

●平直行 著　●四六判　● 280 頁　●本体 1,500 円+税

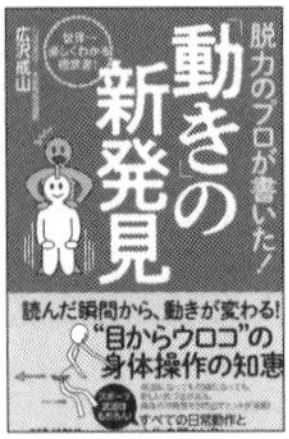

脱力のプロが書いた！世界一楽しくわかる極意書！

「動き」の新発見

読んだ瞬間から、動きが変わる！“目からウロコ”の身体操作の知恵！誰もがまだ、自分の身体を知らない。40 歳になっても 80 歳になっても、新しい気づきがあります。人生 100 年が最高に面白くなる、ワクワク体験をし続けよう！スポーツ･武道はもちろん、すべての日常動作と人生の質も UP します。

●広沢成山 著　●四六判　● 208 頁　●本体 1,400 円+税

BOOK Collection

最強のバランス力を生む、トライポッド・メソッド

重力を使う！立禅パワー

サッカー、バスケなどの接触プレーでも当たり負けしない！両足裏２点と手や腕などの身体を１点、 計３点が外部と接触した状態で整った体勢を維持し続け、地球の重力を味方にする。 中国武術・気功の基本にして極意「立禅」 が生む合理的で不思議な力は、 生来誰もが持っていた！

●松井欧時朗 著　●四六判　● 212 頁　●本体 1,400 円+税

“たった４つの体操”で誰でも確実！

真向法で動きが変わる！

前後左右からアプローチする真向法の４つの体操が股関節に“全方向性”をもたらすとき、あらゆるスポーツ、武術、ダンス等の動きを根本からグレード・アップさせる!! 簡単だから毎日続く！たった４つの体操の繰り返しが、運動・健康の要所“股関節”を確実に改善する!!

●（公社）真向法協会 著　● A5 判　● 160 頁　●本体 1,600 円+税

身体中心の意識が、秘めた能力を引き出す

丹田を作る!丹田を使う!

武道、スポーツ、芸道、メンタルに効果絶大！古来より伝わる能力開発の到達点！ヘソ下３寸、下腹の中にある丹田は古くから日本で重視されてきた。頭（脳）偏重で混迷を極める現代、肚（ハラ）に意識を沈め、自然摂理にしたがった叡知を呼び覚ます。

●吉田始史 著　●四六判　● 176 頁　●本体 1,400 円+税

やわらの動き方 相手に作用する!反応されない!

「肩の力」を抜く!

簡単だけどムズかしい？“脱力”できれば、フシギと強い！筋肉に力を込めるより効率的で、“涼しい顔”のまま絶大な力を相手に作用できる方法があった！柔術は、人との関わりのなかで最高にリラックスする方法。日常動作や生き方にも通じる方法をわかりやすく教える！

●広沢成山 著　●四六判　● 220 頁　●本体 1,500 円+税

ヨガ秘法“ムドラ”の不思議

“手のカタチ”で身体が変わる!

ヨガで用いられている“ムドラ=手のカタチ”には、身体の可動性を拡大させるほか、人間の生理に直接作用するさまざまな意味がある。神仏像や修験道者・忍者が学ぶ“印”など、実は世界中に見られるこの不思議な手の使い方にスポットを当てた、本邦初、画期的な１冊！

●類家俊明 著　●四六判　● 168 頁　●本体 1,200 円+税